1939-1945
WORLD WAR TWO

AUTORE

Alberto Peruffo nato a Seregno nel 1968, laureato all'Università degli Studi di Milano. Ha cooperato con la Sovrintendenza archeologica di Milano. Collabora con diverse riviste di storia, insegnante di storia. Ha pubblicato i seguenti saggi storici: "I corsari del Kaiser" "Marvia editrice", Lega Lombarda 1158 – 1162. La battaglia di Carcano, "Chillemi edizioni", Il trionfo della Lega Lombarda 1174-1176, "Chillemi edizioni", La supremazia di Roma, battaglie dei Cimbri e dei Teutoni, "Keltia editrice", Storia militare degli Ostrogoti, da Teodorico a Totila, "Chillemi edizioni". Le guerre dei Popoli del Mare, "Edizioni Arbor Sapientiae", I soldati della divisione testa di morto, La battaglia di Cortenuova, la battaglia di Cornate d'Adda, la battaglia di Capo Colonna e la battaglia di Desio per le collane Soldiershop.

PUBLISHING'S NOTES

LICENSES COMMONS

Titolo: **LE DIVISIONI DI CAVALLERIA DELLE SS** Code.: **WTW-043 IT** Di Alberto Peruffo
ISBN code: 978-88-93279659 prima edizione Aprile 2023
Lingua: Italiano. Dimensione: 177,8x254mm Cover & Art Design: Luca S. Cristini

WITNESS TO WAR (SOLDIERSHOP) is a trademark of Luca Cristini Editore, via Orio, 35/4 - 24050 Zanica (BG) ITALY.

WITNESS TO WAR

LE DIVISIONI DI CAVALLERIA DELLE SS

PHOTOS & IMAGES FROM WORLD WARTIME ARCHIVES

ALBERTO PERUFFO

INDICE

▲ SS a cavallo sfilano accanto a reparti di controcarri. Fotografo di guerra KB. Fritsch. Nara (US Gov.)

INTRODUZIONE

La prima guerra mondiale aveva dimostrato come la decisiva arma della cavalleria fosse, ormai, diventata obsoleta davanti alle nuove armi automatiche e alla guerra di trincea, rendendola totalmente inadeguata al suo compito millenario, legato alla ricognizione e di sfondamento delle linee avversarie. Sul fronte occidentale, la guerra di posizione, impedì qualsiasi impiego della cavalleria, tanto che anche il suo tradizionale impiego nella ricognizione venne assunto dalla nascente arma aeronautica. Su altri fronti, più dinamici, come quello orientale, la cavalleria ebbe ancora una sua importante funzione, complice le vaste aree dove si snodavano le operazioni belliche; dal Baltico al mar Nero. In Medio Oriente ebbe gran risalto la carica della cavalleria leggera australiana al caposaldo turco di Beersheba che ebbe la meglio contro le difese trincerate turche, nonostante cannoni a tiro rapido e mitragliatrici. In linea di massima, le cavallerie del periodo, venivano però utilizzate come fanteria montata che impiegava i cavalli per gli spostamenti rapidi per poi smontare per combattere. Dopo la fine della guerra mondiale l'impiego della cavalleria ebbe ancora una discreta importanza con la guerra russo polacca del 1920 che vide vaste masse di cavalleria combattersi tra loro, come accadde nella battaglia di Varsavia tra russi e polacchi, vinta da quest'ultimi.

L'avvento dei mezzi blindati, con carri armati e autoblindo, costrinse a ripensare l'impiego della cavalleria in modo radicale, tanto che l'uso della cavalleria negli eserciti tra le due guerre fu molto ridimensionato, con gli aerei e le autoblindo estesamente impiegati nei conflitti da parte delle potenze coloniali in giro per il mondo.

In Germania, il riarmo dell'esercito, a partire dal 1935, portò a costituire diverse unità di cavalleria, ritenute importanti per la loro miglior mobilità rispetto a una fanteria priva di automezzi. La stessa Polonia, in quel periodo, aveva diverse formazioni di cavalleria che si affiancavano ad unità blindate, con cui erano decisi a sconfiggere facilmente i tedeschi così come accaduto meno di vent'anni prima contro i sovietici. La guerra con la Polonia scoppiò nonostante i tentativi di Hitler di concordare una soluzione diplomatica per dirimere la situazione del corridoio di Danzica. Così Matteo Simonetti nel suo saggio "Hitler e Fichte" descrisse la situazione che portò allo scoppio del conflitto con la Polonia:

> Guardiamo al comportamento della Polonia: se proprio un approccio psicologista si deve adoperare nel contesto delle spiegazioni delle condotte dei paesi durante gli anni '20, e '30 del Novecento, allora questo dovrebbe essere rivolto alla "pazzia" dei polacchi che si votarono, ingannati dagli alleati, alla loro distruzione. Una lista interminabile di dichiarazioni belliciste, minacce di invasione, espressioni di disprezzo, piani di invasione, violenze ai danni di civili tedeschi, sconfinamenti, da parte della stampa e dei politici polacchi, dal '25 all'inizio della penetrazione tedesca...[1]

Durante il conflitto, nel settembre del 1939, i polacchi, riuscirono a sfruttare la loro cavalleria, ottenendo diversi successi, sebbene non si verificò mai una carica di cavalleggeri contro i mezzi meccanizzati tedeschi come vuole la leggenda.

Anche i tedeschi sfrutteranno sempre più la loro cavalleria, soprattutto per sopperire alla mancanza di automezzi, con i reparti dell'esercito a cui si aggiunsero quelli delle SS che già avevano una storia alle loro spalle.

▲ Stemma della SS Florian Geyer.

1 Matteo Simonetti, Hitler e Fichte, p. 221.

I PRIMORDI DELLA CAVALLERIA DELLE SS

Nel 1931, ben prima che Hitler andasse al potere, le *Allgemeine* SS (SS generali) organizzarono all'interno della loro struttura un battaglione di cavalleria, il *Berittene SS Abteilung*. La base era situata a Monaco di Baviera.

Con la presa del potere nel '33, le SS svilupparono ulteriormente l'arma della cavalleria, più per questioni di prestigio che di utilità pratica. Vennero create scuole di cavalleria basate sul modello di quelle dell'esercito. La città di Amburgo donò alle SS una fattoria che venne denominata *Remonteanstalt des SS Hauptamntes* e che avrebbe fornito le montature per le Waffen SS fino al 1945. A Monaco venne creata un accademia di cavalleria chiamata SS *Hauptreitschule*. L'accademia venne aperta nel luglio del 1936 sotto la direzione di Hermann Fegelein[2]. Quest'ultima istituzione fu protagonista di molti eventi sportivi dell'epoca di cui il più illustre rappresentante fu Martin von Barnekow già medaglia d'oro ai giochi olimpici del 1936.

Allo scoppio della guerra nel settembre del '39 Himmler stesso volle costituire un'unità di cavalleria sottoposta alla *Totenkopf* (SS-TV), quest'unità, denominata 1° *SS-Totenkopf-Reiterstandarte*, era situata a Berlino, composta da 250 uomini, suddivisi in quattro squadroni, rappresentava l'embrione della futura divisione di cavalleria. Un'altra unità di cavalleria, la 2° *SS-Totenkopf-Reiterstandarte*, della stessa composizione della prima, venne inviata in Polonia il 27 settembre con incarichi di polizia.

Nel novembre del 1939 le due unità vennero riunite in territorio polacco sotto il comando dell'SS-Brigaführer Hermann Otto Fegelein, la struttura di questa unità era così divisa:

- Stab (compagnia comando)
- Squadra di Sanità
- 12 Squadroni

▲ Ufficiale cavalleggere delle SS prima del conflitto mondiale. Notare la peculiare mostrina sul bavero.

---

2 Hans Georg Otto Hermann Fegelein (1906 – 1945) entrò nell'esercito tedesco nel 1925 per poi diventare un poliziotto nel 1928 e, infine, militare nelle SS dal 1933. Nel 1944 si sposò con Gretl Braun, sorella della moglie di Hitler, Eva. Nello stesso anno fu promosso SS-Gruppenführer und Generalleutnant der Waffen-SS, per poi rimanere gravemente ferito nell'attentato alla Tana del Lupo, il bunker di Hitler. Fu fucilato per alto tradimento a Berlino mentre tentava di fuggire dalla città assediata il 28 aprile 1945. Il suo nome rimane indissolubilmente legato alla cavalleria delle SS.

▲ Soldato di cavalleria al momento della ricostituzione della Wehrmacht.

Il dodicesimo squadrone era formato da una batteria a cavallo.

L'unità venne denominata *SS-Totenkopf-Reiter-Standarte* composta da circa 1500 uomini. L'equipaggiamento inizialmente era scarso, soprattutto nel vestiario invernale, malgrado ciò i cavalleggeri si prodigarono in una frenetica attività di pattuglia e di antiguerriglia in territorio polacco, durante il freddo inverno 1939/40.

▲ La banda a cavallo della prima formazione di cavalleria delle SS.

Operazioni nella Polonia occupata

Durante la campagna polacca i compiti iniziali delle unità di cavalleria erano quelle classiche di protezione dei rifornimenti alle unità combattenti, a ciò si aggiungevano i compiti di protezione della numerosa popolazione tedesca residente in territorio polacco, minacciati da possibili rappresaglie da parte della popolazione polacca.

Con la conclusione della campagna vari squadroni della cavalleria delle *SS-Totenkopf-Reiter-Standarte* furono dispersi nell'ampio territorio polacco. L'attività fu principalmente di scorta ai prigionieri e la cattura di criminali comuni sfuggiti dai carceri nel corso della confusione seguita ai combattimenti. In definitiva l'attività principale era quella di ripristinare l'ordine a seguito della situazione d'anarchia seguita alla dissoluzione delle istituzioni polacche.

La guerriglia polacca che stava cercando di organizzarsi, soprattutto contro l'occupante tedesco, venne stroncata sul nascere con decisione e spietatezza. Chiunque sorpreso con un arma veniva subito passato per le armi sul posto. L'attività di rastrellamento e di polizia era coadiuvata dai reparti della SD (*Sicherheitsdienst*) servizio di sicurezza e di spionaggio, responsabile di molti crimini contro civili nel corso della guerra, il 5° squadrone si distinse per la ferocia in queste operazioni soprattutto nei confronti degli ebrei.

Una delle operazioni antiguerriglia più importanti si ebbe nella regione della foresta di Kamienna il primo aprile del 1940, dove un gruppo di 300 soldati polacchi, sbandati dal lontano settembre 1939,

▲ Cavalleria tedesca in addestramento tra le due guerre mondiali. Si noti il particolare elmo di cavalleria in uso dalla Prima guerra mondiale.

▼ Ispezione presso la SS-Totenkopf-Kavallerie-Regimenter 1° e 2° impegnate in Polonia, reparti che precedettero l'esistenza della Florian Geyer.

furono circondati dal 1°, 7°, 8°, 9° e 10° squadrone, supportati dal 51° battaglione di polizia, l'attacco venne supportato dall'artiglieria del 12° squadrone. I polacchi tentarono di rompere l'accerchiamento approfittando che il settore occupato dalla polizia era costituito da terreno paludoso. La battaglia durò alcune ore e l'intervento del 10° squadrone delle SS evitò il peggio al battaglione di polizia. Molti guerriglieri erano però riusciti a fuggire e solo l'8 aprile vennero definitivamente annientati. Per questo risultato, però, ne fecero le spese alcuni civili dei villaggi vicini che, accusati di dare rifugio ai guerriglieri, furono deportati in massa.

Per l'estate del 1940 ogni pericolo proveniente dall'attività di guerriglia era ormai definitivamente rientrato e il paese pacificato, tanto che non ci fu più nessuna attività ostile alle forze d'occupazione tedesche fino all'estate del 1944 con la rivolta di Varsavia.

Nel maggio del 1940 i 12 squadroni vennero organizzati in 2 reggimenti per una forza di 1908 uomini tra soldati e ufficiali, molti erano *Volksdeutsche* e alcuni provenivano dall'Alto Adige che avevano scelto di arruolarsi nei reparti tedeschi, alcuni di quest'ultimi soldati che avevano optato per servire la Germania erano veterani della guerra d'Etiopia del 1935, combattuta sotto le bandiere del Regio Esercito Italiano. Il morale era alto e, in quel periodo, il comando della *SS-Totenkopf-Reiter-Standarte* organizzò nella città polacca di Garwolin la festa di mezza estate, *Sommersonnwendfeir*, con gare d'equitazione tra reparti dell'esercito e delle SS. Questo genere di tornei associati ad occasioni festose si ripeterono nel corso del periodo di occupazione della Polonia.

Oltre alle gare d'equitazione i cavalleggeri delle SS continuarono il loro normale addestramento. Molte cavalcature vennero prelevate dalle fattorie polacche per tenere il passo con l'incremento del numero degli effettivi del reggimento che nel gennaio del 1941 venne denominato *SS-Kavallerie Regiment*, in questo modo l'unità di cavalleria veniva tolta dalle dipendenze della *Totenkopf* divenendo un unità autonoma all'interno delle Waffen SS. Vennero costituiti due reggimenti ognuno composto da 12 squadroni come prima, più un'unità trasmissioni distaccata presso il 2° *SS-Kavallerie Regiment*, mentre il 7° squadrone di ogni reggimento venne trasformata in ciclisti.

▲ Colonna di cavalleggeri nella steppa russa in esplorazione.

OPERAZIONE BARBAROSSA

All'inizio della campagna in Russia i due reggimenti vennero messi alle dipendenze dell'HSSPF del settore Gruppo Armate Nord, responsabile per la sicurezza delle retrovie. Le SS a cavallo vennero aggregate alla 87° divisione di fanteria con l'SS Stumbannführer Fassbender come ufficiale di collegamento.

Dal 21 giugno i due reggimenti, partendo dalla Prussia orientale, raggiunsero la località di Baranovichi dove costituirono un'unica brigata di cavalleria così composta:

Comando di Brigata	SS-Standartenführer (colonnello) Hermann Fegelein.
1° SS-Kavallerie Regiment	l'SS Stumbannführer (maggiore) Lombard
2° SS-Kavallerie Regiment	l'SS Stumbannführer (maggiore) Schleifenbaum

Una batteria a cavallo venne assegnata al Comando di Brigata insieme ad una batteria Flak antiaerea equipaggiata da cannoni da 20 mm. Dal 7° squadrone di ogni reggimento veniva creata una compagnia anticarro.

I primi scontri con i russi si ebbero il 27 luglio, quando, reparti motorizzati del 1° reggimento (*Voraus-Abteilung*), vennero impegnati dalla 162 divisione di fanteria tedesca contro elementi di due divisioni sovietiche che tentavano di fuggire dalle paludi del Pripet dove erano rimaste intrappolate dall'avanzata tedesca. Lo stesso reparto, nei giorni successivi, venne utilizzato nel rastrellamento di reparti russi sbandati in quelle vaste aree paludose.

Il 30 luglio lo stesso reparto venne ingaggiato dalla cavalleria russa nei pressi di Novo Andreyevka dove vennero respinti con successo, poco dopo anche il battaglione ciclisti ebbe a scontrarsi in scaramucce con gli stessi cosacchi.

Gli scontri con la cavalleria cosacca si susseguirono fino al 6 agosto decretando infine una vittoria delle SS contro la cavalleria avversaria, infliggendo al nemico 200 morti e 400 prigionieri contro la perdita di 17 morti e 36 feriti nelle file del *Voraus-Abteilung* del 1° reggimento. La 36° e la 37° divisione di cavalleria sovietica vennero così annientate.

Nel frattempo il resto del 1° *SS-Kavallerie Regiment*, sottoposto alla 162 divisione di fanteria tedesca, venne impegnato in operazioni di ricognizione lungo le paludi del Pripet, portando all'uccisione di 6526 guerriglieri. Così lo SS-Sturmbannführer Franz Magill[3] riporta in suo rapporto del 12 agosto dove descrisse la situazione generale in cui le SS si trovavano a combattere:

> Gli ucraini e i bielorussi sono una popolazione particolarmente accogliente... Quando la truppa arrivava, latte, uova e tutti i tipi di rifornimenti venivano immediatamente distribuiti, e spontaneamente dati in aiuto. Sebbene riservati e poco comunicativi, polacchi e russi erano oltremodo compiaciuti di avere dei soldati tedeschi intorno a loro, rallegrandosi nel vedere i bolscevichi gettati fuori (...).
>
> Le strade erano in uno stato terribile di abbandono; parte sabbia, parte fango, così lo squadrone del treno dei rifornimento doveva spesso impiegare due giorni di marcia dietro gli squadroni.
>
> Rifornimenti: cibo e avena erano difficilmente reperibili a causa del povero stato delle strade. La donazione volontaria degli abitanti talvolta suppliva alla mancanza di cibo. In ogni caso siamo stati impossibilitati nel trovare avena per i cavalli. Non siamo stati in grado di recuperare del fieno, così i cavalli hanno dovuto nutrirsi di erba....
>
> Stato degli uomini: gli uomini sono in ottime condizioni durante le operazioni. È stato necessario trasferire solo una piccola sezione all'ospedale, di costoro tutti sono stati in grado di ritornare al resto della truppa pochi giorni.
>
> Il morale è molto alto. Non abbiamo subito perdite.

---

3 Franz Magill (1900 - 1972) fu comandante del 2° SS-Kavallerie Regiment da febbraio a   settembre del 1941 per poi comandare il Sondercommando "Magill" tra la fine del 1942 e l'inizio del 1943, appartenente alla famigerata "Dirlewanger".

Stato dei cavalli: lo stato dei cavalli ha sofferto dalla mancanza di rifornimenti d'avena e dalle marce sfiancanti che hanno dovuto compiere ogni giorno. Quando per esempio un settore di 30 km doveva essere pacificato in un giorno, questo significava per cavalli e cavalleria coprire un buon 60 chilometri. Questo spiega come molti cavalli hanno sofferto ferite e esaurimento... Alcuni dei cavalli sono stati rimpiazzati con il commercio di cavalli da fattoria. Durante i lunghi spostamenti, abbiamo dovuto spesso smontare in modo da far riposare i cavalli. Le più alte perdite di cavalli sono state nel secondo e nel quarto squadrone.

Pacificazione: la pacificazione ebbe modo come segue: le unità o plotone comando prendeva contatto col sindaco di una particolare località chiedendo dettagli sulla popolazione. Le informazioni richieste riguardavano il numero e il tipo di abitanti, ucraini, bielorussi eccetera. Anche se si trovavano ancora comunisti nella zona, qualunque soldato dell'armata Rossa in borghese o ogni altra persona coinvolta nelle attività dei bolscevichi. Per la maggior parte del tempo, i locali che avevano visto bande o altri elementi sospetti, si fecero avanti di propria volontà. Se alcuni elementi erano ancora nella zona, essi erano catturati e, dopo un breve interrogatorio, erano rilasciati o fucilati. In ogni caso dove un contingente di polizia non era presente in luogo, veniva fatta una nomina in proporzione al numero di abitanti tenendo conto dei gruppi di popolazione presenti nella località. Nei piccoli villaggi, i contingenti di polizia venivano posti sotto il controllo del sindaco. Era vietata ogni forma di attività politica.

Gli assassini giudei erano fucilati. Solo un piccolo gruppo di lavoratori manuali vennero risparmiati, impiegati dalla Wehrmacht in attività di riparazioni. Donne e bambini vennero guidati verso le paludi non ottenendo l'effetto desiderato dato che le paludi non erano abbastanza profonde da consentirne l'annegamento.

Nessun comunista fu trovato. Solo persone che avevano preso parte nelle attività comuniste. Molte informazioni riguardanti la presenza di bande era esagerata. Le battute erano generalmente infruttuose. Una volta, un prete polacco fu fucilato per la sua propaganda a favore della Polonia e per l'esortazione di resistere dato che la Polonia si sarebbe risollevata. Volantini o simili vennero lanciati vicino Kamien Koscyrsko.

Il clero ucraino fu molto servizievole rendendosi disponibile dove ce ne fosse bisogno...[4]

In quello stesso periodo, i reparti di cavalleria di Fegelein, compivano vaste operazione di antiguerriglia con continui rastrellamenti condotti con estrema ferocia in una guerra che non ammetteva la pietà. I russi torturavano i prigionieri tedeschi che riuscivano a catturare, mentre i tedeschi distruggevano i villaggi che ritenevano complici dei guerriglieri russi.

La mattina del 15 agosto il 3° squadrone del 2° *SS-Kavallerie Regiment* cadde in un'imboscata tesa dai partigiani nelle vicinanze della città di Turov, sempre nella vasta zona delle paludi del Pripet. A fronte di 2 morti, 2 dispersi e 9 feriti, i russi ebbero ben 107 caduti.

La difficoltà di movimento nelle aree paludose dei reparti meccanizzati convinse il comando tedesco ad utilizzare la cavalleria in quella zona così ampia dove migliaia di soldati russi si erano rifugiati trovando riparo all'avanzata tedesca. La brigata di cavalleria delle SS era in grado di spostarsi velocemente rispetto alla fanteria e, una volta giunti a contatto con il nemico, smontava da cavallo ingaggiando la battaglia come un'unità di fanteria.

Il 21 agosto venne lanciata l'operazione Turov dal 2° *SS-Kavallerie Regiment* per conquistare l'omonima città. L'operazione ebbe successo e la mattina dello stesso giorno la città era già in mano ai cavalleggeri delle SS. Negli scontri per conquistare i villaggi circostanti il plotone del genio del reggimento respinse un attacco della cavalleria russa. La giornata si concluse con una vittoria totale del 2° reggimento che constatava l'uccisione di 400 nemici contro 4 morti e 12 feriti, la cattura di soli 10 prigionieri fornisce un idea della spietatezza di questi combattimenti.

Diversamente andavano le cose per il 1° *SS-Kavallerie Regiment* che al comando del suo nuovo comandante l'SS-Hauptsturmführer Waldemar Fegelein (da non confondere con suo fratello, il

---

4 Charles Trang, La Division Floian Geyer, p. 29-31.

comandante della brigata)[5], il 18 agosto catturò 34 soldati russi dopo un breve scontro. Waldemar Fegelein sviluppò una tattica innovativa, sebbene rischiosa, basata sulla sorpresa, attaccando le bande partigiane senza perdere tempo in ricognizioni, riuscendo a ottenere diversi successi contro i nemici presi alla sprovvista.

La mattina del 21 dello stesso mese il 3° squadrone del 1° *SS-Kavallerie Regiment* giunse al villaggio di Starobin, già occupato dai tedeschi in precedenza, i cavalleggeri scoprirono che il sindaco e alcuni membri della polizia tedesca erano stati uccisi dai partigiani. I tedeschi elessero un nuovo sindaco che venne ucciso neppure due giorni dopo da alcuni ebrei del luogo che si erano uniti ai partigiani. Il giorno 23, l'intero reggimento di cavalleria, entrò nel villaggio dando inizio alla rappresaglia contro tutti gli ebrei maschi del posto, vennero così fucilati 23 ebrei.

Le operazioni contro i partigiani della zona proseguirono il 29 agosto, quando, il 1° *SS-Kavallerie Regiment*, agli ordini di Waldemar Fegelein attaccò un'isola a nord ovest di Kochos in cui i russi si erano trincerati. L'assalto diretto all'isola ebbe successo, in poco tempo le SS uccisero 154 russi ferendone 117, catturandone altri 37 che tentavano di fuggire.

Le operazioni di rastrellamento nelle paludi vennero interrotte il 10 settembre quando alla cavalleria delle SS venne ordinato di bloccare isolati gruppi dell'armata rossa che cercavano di fuggire dalla sacca di Kiev in cui erano stati intrappolati dall'avanzata tedesca. La brigata di cavalleria delle SS riuscì a circondare e ad annientare un reparto di 500 soldati russi nei dintorni della città di Krasnyy, catturando 38 ufficiali e uccidendo 384 nemici senza subire perdite. Per questa operazione Waldemar Fegelein ottenne la Croce di Ferro di Prima Classe. Il fratello Herman tirò un bilancio delle operazioni:

> Le forze nemiche erano sempre spazzate via quando appartenevano alle forze regolari dell'esercito russo. Le più grandi difficoltà furono poste dai partigiani. Militarmente essi furono la più grande minaccia trovata dietro un'armata combattente. Spietati, coraggiosi fino all'annichilimento, con crudeltà asiatica. Questo nemico costrinse le nostre unità a rimanere in costante allerta facendo conto sulla loro ampia organizzazione e le loro eccellenti reti di comunicazione. La loro familiarità col terreno, il loro continuo blocco delle strade seminando mine e distruggendo ponti, la loro abilità nel trincerarsi rapidamente in tane di mitragliatrici nei punti strategici, e nella loro ostentazione di calma durante il più duri combattimenti nelle paludi, sono i tratti distintivi della loro capacità di combattimento[6].

Dopo questa operazione la brigata di cavalleria delle SS tornò ad operare nelle aree paludose del Pripet, i reparti vennero sparpagliati su una vasta area che poteva essere coperta dalla mobilità della cavalleria.

Il 5 ottobre la brigata venne mandata ad operare nel settore di Toropets alle dipendenze della 253 divisione di fanteria, con il compito di proteggere i convogli di rifornimento e la ferrovia della zona. L'attività antipartigiana continuò incessante e numerosi furono gli agguati sventati. Nel frattempo il clima diventava sempre più rigido, l'inverno russo si stava ormai avvicinando.

Una delle ultime operazioni antipartigiane, prima dell'offensiva russa, avvenne la prima settimana di dicembre nella zona a nord ovest di Putiwl. Qui i russi offrirono una certa resistenza grazie anche all'appoggio di un carro Pzkpfw III catturato ai tedeschi tempo prima. Le SS ebbero alla fine la meglio al prezzo di 3 caduti e 8 feriti contro l'uccisione di 73 partigiani e la cattura di 93 prigionieri. Nei giorni successivi i cavalleggeri delle SS furono coinvolti in una serie di scontri minori che causarono numerose perdite ai sovietici confermando la brigata di cavalleria delle SS come una delle migliori unità tedesche nella spietata lotta di antiguerriglia.

---

5 Waldemar Fegelein (1912 – 2000) fu fin dall'inizio della sua carriera legato al mondo equestre e alla divisione di cavalleria delle SS, tanto che prima d'intraprendere la carriera militare era iscritto alla facoltà di veterinaria. Nel 1943 ottenne la Croce di Cavaliere e nel 1945 divenne comandante della 37° SS-Freiwilligen-Kavallerie-Division "Lützow" per poi tornare al suo precedente incarico presso l'SS-FHA. Dopo la prigionia in un campo americano gestì un maneggio.

6 Ivi, p. 35.

▲ Cavalleria della Florian Geyer in Russia.

▼► Sequenza di immagini dei volti di soldati della Florian Geyer impegnati in esercitazioni con la mitragliatrice MG scattate dal reporter di guerra Fritsch. (pag. 14-16)

▲ Plotone di cavalleggeri nella sterpaglia in esplorazione.

▲ Cavalleria della Florian Geyer in marcia nella steppa russa. Foto di F. Fritsch (Nara US Gov.)

▼ Uomini della divisione Florian Geyer accanto ai mezzi mimetizzati del reparto. Foto di K. Hoppe (Nara US Gov.)

▲ ▼ Reparti di Cavalleria della Florian Geyer ripresi dalla fotocamera di F. Fritsch, noto fotoreprter del periodo (Nara US Gov.)

▲ Soldato delle SS impegnato nelle operazioni antiguerriglia nelle retrovie del fronte russo.

▲ Un momento di pausa per un cavalleggere.

▲ Guado di un fiume.

▲ Ufficiale della Florian Geyer in un momento dei combattimenti in Russia.

▲ Sottufficiale SS della Florian Geyer in tenuta mimetica da neve impegnato in azione.

▲ La fatica dei combattimenti lungo le steppe e nelle paludi russe sono ben evidenti in questa immagine.

I COMBATTIMENTI DELL'INVERNO 1941/42

Da dicembre la brigata di cavalleria venne impiegata per compiti di sicurezza lungo la linea ferroviaria Weliki-Luki di vitale importanza per i rifornimenti della 9° Armata. Nel frattempo l'offensiva su Mosca si era bloccata il 5 dicembre e il giorno dopo scattò l'imponente controffensiva sovietica che rischiò di travolgere tutto il Gruppo d'Armate Centro.

Il 23 dicembre la brigata di cavalleria venne messa in stato d'allarme, pronta ad intervenire in prima linea. All'inizio del 1942 la brigata di cavalleria venne sottoposta per la prima volta sotto il diretto comando dell'esercito all'interno del 23° Corpo d'Armata.

Il 2 gennaio, Hitler, proibì alla 9° Armata ogni ulteriore ritirata ordinando di resistere ad oltranza in condizioni ambientali proibitive. La neve e il freddo erano tali che per gli spostamenti la brigata di cavalleria costruì delle slitte per essere trainate dai propri cavalli.

La 34° Armata sovietica aveva attraversato il Volga il 4 gennaio aprendo una breccia di 15 chilometri tra la 256° e la 206° divisione di fanteria tedesca. Alla brigata di cavalleria delle SS venne ordinato di chiudere la falla nel settore di Rshew, alle dipendenze della 206° divisione di fanteria. Sebbene supportati dal *Kamfgruppe* Kaestner con 300 fanti e un reggimento d'artiglieria, i tedeschi dovettero cedere alle pressioni del nemico ritirandosi lentamente il 9 gennaio. Il tentativo dei russi di accerchiare il 23° Corpo d'Armata da nord interruppe la pressione nel settore tenuto dalle SS.

Mentre il resto della brigata combatteva a fianco della 206° divisione di fanteria il battaglione ciclisti si trovava più a nord a proteggere il fianco sinistro della 253° divisione di fanteria, nel settore di Pyeno. Il 9 gennaio il battaglione venne attaccato da due divisioni sovietiche costringendo i tedeschi ad abbandonare la città di Pyeno ma, la notte stessa, venne lanciato un contrattacco che permise alle SS di riconquistare la città che venne di nuovo perduta due giorni dopo. Questi scontri costarono al battaglione ciclisti il 75% della loro forza originaria.

Il 18 gennaio, i sovietici, tentarono di nuovo di separare il 23° Corpo d'Armata dal 6° Corpo d'Armata che si trovava posto a sud. Le SS tornarono a combattere con un contrattacco per riprendere i villaggi Kharino e Shapalevo caduti in mani nemiche. Dopo ore di duri combattimenti i due villaggi vennero riconquistati e i russi respinti.

Il giorno 22 il nuovo comandante della 9° Armata, il generale Model, sferrò un contrattacco generale utilizzando la 1° divisione corazzata come unità di punta.

I cavalleggeri delle SS sarebbero partiti dal villaggio di Olenino, appena riconquistato, con l'appoggio di un battaglione di cacciacarri StuG, il loro scopo principale era la protezione del fianco destro della 206° divisione di fanteria.

L'attacco fu un successo, non solo sventò ogni minaccia di accerchiamento del 23° Corpo d'Armata, ma portò anche all'isolamento di due armate sovietiche la 29° e 39° con elementi dell'11° Corpo di cavalleria.

I russi nel tentativo di sottrarsi all'accerchiamento attaccarono la 206° divisione di fanteria alle spalle. Ancora una volta venne impiegata la cavalleria delle SS che riuscì a bloccare i russi serrati ormai in un ampia sacca. I caduti nel corso di queste battaglie furono oltre 370, molti di più furono però i casi di assideramento, migliori erano le condizioni delle cavalcature che permettevano alla brigata un invariato grado di mobilità.

Il 4 febbraio vennero conquistati i villaggi di Tarasovo, Upyri e Pogorelki con violenti combattimenti casa per casa. Il giorno successivo la brigata andò a far parte del *Kamfgruppe* Raesfeld che teneva il lato più meridionale di quel settore del fronte.

Nei giorni successivi le SS conquistarono altri villaggi combattendo a temperature di –40 C°. A Chertolino i cavalleggeri tedeschi uccisero 200 nemici catturandone 100 ricevendo i complimenti del comandante del 23° Corpo d'Armata, generale Schubert.

La mattina del giorno 7 febbraio la brigata di cavalleria si unì a reparti della 1° divisione corazzata tedesca nei pressi del villaggio di Chertolino. I sovietici per impedire questo collegamento contrattaccarono immediatamente riconquistando il villaggio.

Il giorno seguente le SS vennero poste alle dipendenze della 1° *Panzerdivision*, negli scontri che seguirono i tedeschi riuscirono a ristabilire la situazione a loro favore. In questi combattimenti si distinse l'SS-Obersturmführer Rudolf Maeker che, di propria iniziativa, lanciò un fulmineo attacco a nord est del settore interessato all'offensiva conquistando il villaggio di Siwino.

L'offensiva finale contro la sacca sovietica scattò il 10 febbraio, i cavalieri delle SS ebbero come compito principale di rastrellare i reparti russi isolati all'interno della sacca. I combattimenti si svolgevano nelle fredde foreste di quelle zone, spesso corpo a corpo, come accadde, il 15 febbraio, a Maeker che, con il suo squadrone ridotto a soli 30 uomini, riuscì a distruggere 9 bunker in un combattimento ravvicinato, riuscendo a proteggere così il fianco destro della brigata di cavalleria. Così viene ricordata l'azione nel diario divisionale:

> Il 21 febbraio 1942, assalto su Mantrovkie: nel tentativo di attaccare l'area del villaggio da parte del primo e secondo SS-Kavallerie Regiment lungo un terreno abbastanza esteso, l'SS-Obersturmführer Rudolf Maeker guidò l'attacco in un modo che il nemico pensò ad una offensiva tedesca in grande stile. Grazie a questo diversivo, portato con considerevole coraggio, la carica del resto della brigata fu coronata da successo[7].

Il 18 dello stesso mese, la battaglia d'annientamento, poteva dirsi conclusa con la totale vittoria tedesca e la perdita per i russi di due armate.

Dal 22 al 23 febbraio i russi lanciarono una serie di controffensive locali notturne nel tentativo di riconquistare alcuni villaggi tra cui Olenino. Vennero tutti respinti dalle SS che causarono gravi perdite al nemico, ciò malgrado l'inferiorità numerica dei tedeschi.

Le prime settimane di marzo videro i russi in ritirata verso una nuova linea difensiva più ad est e i tedeschi all'inseguimento.

Il 6 marzo le SS conquistarono il villaggio di Shitiki uccidendo 350 soldati nemici nei combattimenti casa per casa. Il giorno successivo l'offensiva riprese verso nord insieme alla 1° *Panzerdivision*, questo permise di circondare altri reparti russi che furono annientati nei giorni successivi.

Per il valore dimostrato dalla sua brigata, nel corso della campagna invernale, l'SS-Standartenführer Hermann Fegelein venne insignito della Croce di Cavaliere e richiamato in patria, al suo posto al comando della brigata venne messo l'SS Stumbannführer Gustav Lombard[8] già al comando del 1° SS-Kavallerie Regiment all'inizio della campagna di Russia.

La brigata aveva perso 2100 uomini tra morti e feriti su un totale di 3100 uomini che avevano servito la brigata dall'estate del 1941, ora tutto ciò che rimaneva era un unico reggimento. A causa di tali perdite il reparto venne ritirato dal fronte russo in aprile per essere ricostituito come forza combattente a Debica in Polonia.

Al fronte rimase solo il *Kampfgruppe* Zehender che, alle dipendenze della 1° divisione corazzata, continuò nelle operazioni di rastrellamento fino alla metà di maggio quando anch'esso venne ritirato a Debica per un periodo di riposo.

---

7 Ivi, p. 47.

8 Gustav Lombard (1895 – 1992) era entrato nelle SS nel 1933 entrando nella cavalleria di stanza a Berlino, la 7° SS-Reiterstandart. Con il grado di Hauptsturmführer entrò nelle Waffen-SS del reggimento di cavalleria della Totenkopf dove trascorse i primi anni di guerra passando nella Florian Geyer. Per un breve periodo, dal 28 ottobre 1943, comandò la 29° Waffen-Grenadier-Division der SS in Italia come SS-Standartenführer per poi assumere il comando della Florian Geyer per poi passare al comando della divisione Nord e, poi, della 31° SS-Freiwilligen-Grenadier-Division e finire catturato dai sovietici concludendo la guerra in loro prigionia con il grado di Brigadeführer und Generalmajor der Waffen-SS, venendo rilasciato solo nel 1955.

▲ Hermann Fegelein con i suoi ufficiali.

▼ Cavalleggeri delle SS impegnati in azione durante l'inverno da uno scatto del reporter di guerra Buschulte.

LA DIVISIONE DI CAVALLERIA DELLE SS FLORIAN GEYER

Fu durante il periodo di riorganizzazione a Debica in Polonia che, il primo giugno del 1942, Hitler diede ordine di trasformare la brigata di cavalleria in divisione, aumentandone l'organico.

La nuova divisione venne nominata *SS-Kavallerie Division* ed era costituita da tre reggimenti di cavalleria composti ognuno da sei squadroni più un battaglione motorizzato da ricognizione, un battaglione trasmissioni, un battaglione del genio, un battaglione anticarro e una batteria antiaerea. Un reggimento d'artiglieria composto da tre battaglioni completava l'organico della nuova divisione. Il 28 settembre venne inserito anche una batteria di carri d'assalto e una compagnia anticarro.

Le reclute erano per la maggior parte giovani *Volksdeutsche* (ben l'80% degli effettivi), i veterani completavano i quadri dei nuovi reparti.

L'equipaggiamento e il materiale fu notevolmente migliorato, vennero ritirati gli obsoleti armamenti francesi o cecoslovacchi e sostituiti con quelli tedeschi.

Il comando della divisione venne affidato all'SS-Brigadeführer Wilhelm Bittrich che sostituiva Fegelein comandato al quartier generale di Hitler.

La divisone venne dichiarata pronta al combattimento per la metà di Agosto, ma per Bittrich le sue reclute non erano ancora pronte, egli chiese, così, ad Himmler di rimandare l'impiego al fronte della divisione.

Il comandante delle SS accolse in parte le richieste di Bittrich permettendogli di continuare l'addestramento per la maggior parte dei suoi uomini, chiedeva però di creare due *Kampfgruppe* con le unità più addestrate per essere impiegate sul fronte russo.

Le due unità erano così composte:

Kampfgruppe Z – Obersturmbannführer Zehender
2° reggimento di cavalleria
1° battaglione del reggimento d'artiglieria
battaglione di ricognizione

Kampfgruppe L – Sturmbannführer Lombard
1° reggimento di cavalleria
compagnia veterinaria

In settembre i *Kampfgruppe* vennero inviati nel settore di Velikije Luki e di Velish nella parte centro settentrionale del fronte russo. Le SS vennero aggregate alla 330° divisione di fanteria e subito impiegate nelle operazioni antipartigiane nelle foreste e nelle paludi della zona. In quelle regioni settentrionali, il clima autunnale, giunse molto rapidamente con insistenti piogge che resero il terreno un mare di fango che rendeva difficili i movimenti agli automezzi, rallentandoli fino a bloccarli. Solo la divisone di cavalleria rimase una delle poche unità ancora dotate di una discreta mobilità, tanto che, il comando germanico, pensò di impiegarla in prima linea piuttosto che in azioni antiguerriglia dietro le linee del fronte, a dimostrazione di come, l'impiego dei cavalli, fosse ancora importante in determinate condizioni ambientali.

Il 20 settembre i tedeschi lanciarono un'offensiva locale che vide la 330° divisione impegnata insieme alle SS nel respingere l'attacco di giovani fanti sovietici provenienti dall'Asia centrale, nel settore del lago Saposho. Nel riconquistare alcuni villaggi il 26 settembre le SS subirono pesanti perdite. Il 3 ottobre la cittadina di Vlashkina viene conquistata dal *Kampfgruppe* Z grazie ad un'azione diversiva del 1° reggimento di cavalleria.

Il sopraggiungere dell'autunno con le sue piogge bloccò i mezzi meccanizzati arrestando ogni azione offensiva. Solo le forze di cavalleria erano ancora in grado di muoversi sul terreno paludoso.

In quei giorni il fronte si stabilizzò e le SS vennero portate nelle retrovie dove si aggregò il battaglione contraereo.

A metà ottobre il 2° reggimento venne impiegato in operazioni antipartigiane tra Burdukova e Demidov, mentre il resto della divisione raggiungeva il fronte alle dipendenze del 6° Corpo d'Armata. Successivamente, a partire dal 9 novembre, gli squadroni del 1° reggimento vennero impiegati in operazioni di rastrellamento nella zona di Vodnevka, dove il 1° squadrone fu ingaggiato duramente in scontri ravvicinati con i partigiani a Simonovka dove, in pochi minuti di scontro a fuoco, ebbe 27 uomini uccisi e 35 feriti.

Le nevicate di novembre suggerirono di creare un'unità di sciatori all'interno della divisione di cavalleria, venne così formato un battaglione sciatori a Potepovo, forte di 628 soldati, 90 sottufficiali e 16 ufficiali, divisi in 4 compagnie di fanteria più una batteria e un plotone del genio, la maggior parte dei soldati proveniva dal battaglione di ricognizione.

Subito questa unità venne impiegata nelle retrovie per le operazioni di antiguerriglia.

▲ Un'immagine dei due fratelli Fegelein fotografati dal reporter di guerra Hoppe.

▼ Himmler passa in rassegna la cavalleria delle SS al fronte nel maggio del 1942.

▲ Una curiosa foto rubata di Hans Georg Otto Hermann Fegelein, mitico generale tedesco delle Waffen-SS.

▲ Il comandante della divisione di cavalleria Hermann Fegelein impegnato sul campo.

▲ Fegelein, al centro, con Gustav Lombard alla sua sinistra.

▼ Studio di una mappa in zona di operazione.

▲ Funzione funebre per un ufficiale della divisione ucciso in azione.

▼ Cimitero di guerra delle SS.

L'IMPIEGO DELLA DIVISIONE IN RUSSIA DURANTE L'INVERNO 1942/43

Il mese di novembre vide l'avvicendarsi al comando di divisione tra l'Obersturmbannführer Lombard e Bittrich per un breve periodo di tempo.

Alla fine di novembre scattò l'offensiva invernale russa che avrebbe portato alla sconfitta tedesca di Stalingrado sul fronte meridionale, ma, nel settore centro settentrionale, le cose andarono diversamente.

I russi attaccarono a ovest di Rzhev il 25 novembre, coinvolgendo il Gruppo d'Armate Centro. Il compito della divisione di cavalleria delle SS fu inizialmente di coprire un vuoto di 20 km tra la 2° divisione da campo della *Luftwaffe* e la 197° divisione di fanteria. Il 28 novembre il 1° e il 2° reggimento di cavalleria lanciarono un contrattacco per alleggerire le posizioni confinanti alle SS. Il giorno dopo la battaglia raggiunse un punto critico quando i russi attaccarono il fianco destro della divisione nella zona della foresta di Pokrovskiy dove si accese una dura battaglia con molte perdite da entrambe le parti, ma che, alla fine, vide i russi respinti.

Il 9 dicembre i tedeschi passarono all'offensiva in quel settore del fronte tentando una manovra a tenaglia con a nord tre divisioni: la 20° motorizzata, la 19° *Panzerdivision* e i cavalieri delle SS, e da sud con la 1° *Panzerdivision* e il reggimento *Grossdeutschland*. Negli scontri che seguirono, il 1° reggimento di cavalleria, dovette combattere contro l'intera 17° divisione della Guardia sovietica. Malgrado l'inferiorità numerica i tedeschi riuscirono a rinchiudere nella sacca, detta di Beliye, due brigate meccanizzate, la stessa 17° divisione della Guardia più elementi provenienti da tre altre brigate. Nei cinque giorni di combattimenti che seguirono solo pochi russi riuscirono a liberarsi dalla morsa che li stringeva. La vittoria tedesca fu completa e il fronte settentrionale venne stabilizzato. Le SS ebbero molte perdite durante quest'azione. Ne risentì soprattutto il battaglione sciatori che venne sciolto e i suoi uomini ritornarono al battaglione di ricognizione.

I cavalleggeri dovevano scontare una scarsa esperienza nel combattimento in prima linea, soprattutto per quanto riguardava gli ufficiali che spesso mettevano a repentaglio intere unità.

Al 31 dicembre la divisione poteva comunque contare su un organico di 310 ufficiali e 10569 tra soldati e sottufficiali.

I primi giorni del 1943 videro la divisione impiegata nel suo ruolo più consono di antiguerriglia. Posta nelle retrovie di Beliye nella zona di Nikitinka con il compito di pattugliare vaste zone di foreste e paludi coperte dal ghiaccio e infestate da partigiani. In quel periodo vennero lanciate una serie di offensive per conquistare alcuni villaggi che a volte venivano riconquistati dai russi durante la notte successiva. In febbraio l'operazione Sternlauf portò alla cattura di 1067 prigionieri e alla morte di 1882 partigiani, uccisi durante l'operazione.

L'SS-Unterscharführer Albert Schwenn del 5° squadrone del Primo reggimento SS raccontò la sua esperienza in quelle azioni:

> Nel 1940, fui volontario per le Waffen SS e mi presentai davanti alla commissione medica. Di circa 50 uomini, solo otto furono selezionati. Nessuno degli altri dimostrò di avere i giusti requisiti. Questo cambierà più tardi quando vennero reclutati i camerati *Volkdeutschland* alti 1 m e 60! Quando finalmente ricevetti la tanto attesa chiamata, all'inizio fui molto deluso. Entrai in cavalleria, quando avrei voluto entrare nei reparti corazzati o dei motociclisti. Ma mio padre fu tanto contento quanto io dispiaciuto; gli piacevano i cavalli più di ogni altra cosa e non aveva idea della differenza che poteva esserci tra montare cavalli militari e cavalli civili. Così, nell'ottobre 1942, diventai un SS-Reiter (...). L'addestramento non fu esattamente quello che dei giovani robusti compagni necessitavano nell'accrescere l'entusiasmo per diventare dei soldati. Per tutto il periodo dell'addestramento, dall'inizio alla fine, soffrimmo la fame con un po' di rape dai magazzini consumate crude. All'inizio del febbraio 1943, fummo trasferiti al fronte. E

nei seguenti giorni, venimmo impiegati nella caccia ai partigiani, sebbene pochi di noi al 5° squadrone del 1° *SS-Reiter Regiment* ne avessero mai visto uno. Sparammo soltanto una volta, da un villaggio tre chilometri lontano dove avevamo fatto una breve sosta al margine di un bosco. Per due mesi vivemmo in una vecchia caserma di cavalleria russa a La pichi, vicino a Ossifichi. Quando fummo di nuovo in partenza, sveglia alle 4:00 e a cavallo alle 5:00. Smontammo prima di aver coperto 5 chilometri, così da rallentare l'andatura dei cavalli. Intorno alle 9:00 fummo superati da una colonna di mezzi motorizzati che erano partiti dopo di noi. I camerati erano seduti tranquillamente appoggiati uno accanto all'altro nei loro Kafka.15s (veicolo da trasporto truppe), sonnecchiando. Qualche genio militare ci fece prendere posizione una notte su di un fianco di una collina, invitando Ivan (i russi) a fare pratica di tiro a segno contro di noi la mattina successiva. In poco tempo rimasi l'unico mitragliere con i mitraglieri 2, 3 e 4 tutti uccisi. Il nostro comandante di reggimento giunse sulla linea del fronte con il suo veicolo comando e mi lasciò laggiù. Per tre giorni rimanemmo fissi con gli occhi del nemico puntati, finendo colpito, concludendo così il mio servizio nella divisione di cavalleria delle SS[9].

▲ Carro della sussistenza delle SS.

▼ Mensa ufficiali della divisione di cavalleria delle SS.

9 Ivi, p. 91.

I COMBATTIMENTI DI RETROGUARDIA

Il 15 febbraio il comandante della divisione Bittrich fu assegnato al comando della nuova divisone delle SS Hohenstaufen e venne sostituito per un certo periodo dal SS - standartenführer Freitag fino ad aprile quando al suo posto tornò Hermann Fegelein.

Una nuova offensiva russa il 12 febbraio richiese l'intervento dei cavalieri delle SS sulla linea del fronte di Briansk, minacciando il settore centrale della linea difensiva tedesca.

Non tutta la divisione di cavalleria venne però mandata in linea ma venne riorganizzato il *Kampfgruppe Z* dell'Obersturmbannführer Zehender costituito, principalmente, dal 2° reggimento di cavalleria. Quest'unità, posta 30 km a sud di Dmitrovsk, lanciò una serie di contrattacchi a partire da marzo contro i fianchi delle forze nemiche, impedendo ai sovietici di accerchiare le forze tedesche in quel settore.

In aprile anche il *Kampfgruppe Z* fece ritorno al resto della divisione dislocata nelle retrovie.

In maggio, la divisone di cavalleria delle SS, partecipò, con alcuni battaglioni di polizia, ad operazioni antipartigiane nella zona delle paludi del Pripet e del vicino fiume Dnieper. Le forze russe erano numerose e ben organizzate, dotate perfino di uniformi tedesche della *luftwaffe*. Il 12 maggio, il battaglione di ricognizione, da solo, affrontò oltre 600 partigiani, catturando circa 500 veicoli di ogni tipo nascosti nella foresta. Ma, come spesso accadeva nella lotta contro i partigiani, il grosso delle forze nemiche si disperdeva in piccoli gruppi e sgusciava oltre le linee di rastrellamento dei tedeschi mettendosi in salvo.

Le condizioni ambientali nelle paludi erano a volte anche peggiori dei nemici, dovendo lottare con zanzare, insetti, umidità e fango che rendeva difficile ogni spostamento.

Le operazioni d'antiguerriglia continuarono comunque fino al giugno inoltrato quando, il 19 luglio, i cavalleggeri delle SS, circondarono un folto gruppo di partigiani e, nella seguente battaglia, con la perdita 22 caduti e 56 feriti, vantavano uccisi 1256 nemici, molti dei quali fucilati, con 206 prigionieri ucraini. Ludwig Mückl fu testimone del difficile ambiente dove si verificarono questi scontri:

> Lasciammo Karachev per Gomel, passando da Briansk. Giungemmo a una sconfinata foresta a Rechitsa, sul Dnieper. La nostra azione nelle paludi fu resa molto più difficile dalle continue piogge e dall'insopportabile tormento causato dalle zanzare. Il fumare le teneva momentaneamente lontane, ma non per molto specialmente perché io non ero un fumatore. Eravamo forniti di una rete zanzariera che potevamo mettere sull'elmetto. Tuttavia la zanzariera non era di molto aiuto dato che le bestie passavano attraverso anche dai fori più piccoli. Fu tremendo. Nel "triangolo umido" la nostra divisione prestò servizio presso Rechitsa. La cosa fu riferita direttamente al comando del *Führer* al Nido dell'Aquila in Prussia Orientale. Dovemmo poi ritornare indietro alle paludi di Pripet e mi ordinarono di costruire una base lungo una strada nella foresta. Dopo di questo mi comandarono di scortare dieci uomini. Vivevamo bene, ogni giorno andavamo nei vicini villaggi a procurarci un po' di uova. Dopo non molto tempo divenimmo così insolenti che sparavamo tre colpi in aria prima di entrare nel villaggio così da raccogliere le uova solo passando vicino alle case. Più tardi, in serata, c'era sempre una grande festa...[10]

A seguito della battaglia di Kursk i sovietici lanciarono una violenta offensiva lungo tutta la linea del fronte a partire dall'agosto del '43.

La divisione di cavalleria venne trasportata via ferrovia nel bacino del Donetz dove arrivò il 21 agosto, nel settore a sud di Merefa in cui le vennero assegnati 8 km di fronte.

Il 26 agosto i russi attaccarono le posizioni delle SS con numerosi carri armati che si scontrarono con gli StuG III della batteria carri d'assalto e i Marder II del battaglione anticarro. A fatica furono respinti. Il giorno dopo, i carri russi, tornarono all'attacco, riuscendo a circondare molte unità della divisione che vennero liberate dai tedeschi solo con l'impiego di tutte le riserve disponibili della divisione.

---

10 Ivi, p. 97.

Dopo 8 giorni di continui attacchi lungo tutta la linea del fronte i tedeschi cominciarono a ritirarsi impegnando però i russi in una serie di violenti combattimenti di retroguardia.

In particolare, in questa fase, si distinse il 4° squadrone del 1° reggimento, che, al comando dell'Obersturmführer Johannes Göhler, riuscì a bloccare un attacco di 33 carri armati per un intera giornata, distruggendone ben 15 in combattimento ravvicinato, utilizzando spesso mine Teller. Anche il giorno dopo, Göhler, riuscì a fermare un intero reggimento russo con il supporto di due cannoni d'assalto, questo malgrado che già dalle prime ore del mattino, lui e i suoi uomini, erano stati sottoposti a duri bombardamenti sia d'artiglieria che da parte dell'aviazione nemica. Göhler per quest'azione venne decorato della Croce di Cavaliere e della Croce d'Oro Tedesca,

Il 17 settembre, nel corso di questi violenti combattimenti di retroguardia, anche l'Oberscharführer Alfred Nowak ottenne la Croce di Cavaliere, quando al comando del 3° squadrone, sempre del 1° reggimento, guidò, con un pugno di uomini, una serie di contrattacchi contro le postazioni avversarie, rimanendo però ucciso nei combattimenti.

In quei giorni il comandante della divisione Fegelein venne ferito ad un braccio e venne sostituito dall'Obersturmbannführer Streckenbach. A metà settembre la divisione di cavalleria venne coinvolta in una serie di duri scontri a Kitay-Gorod.

Il 22 ottobre la divisione di cavalleria venne rinominata 8° *Kavallerie Division* e i reggimenti 1°,2° e 3° vennero rispettivamente rinumerati 15°, 16° e 17° mentre, un altro reggimento di cavalleria, il 18° era in formazione. A tutte le altre unità della divisione venne dato il numero 8. L'organigramma della nuova divisione nell'autunno 1943 era il seguente:

- Divisionsstab (Comando divisione)
- SS Kav regt 15 (ex- regt 1)
- SS Kav regt 16 (ex- regt 2)
- SS Kav regt 17 (ex- regt 3)
- SS Kav regt 18 (ex- regt 4)
- SS Panzerjäger Abteilung 8
- SS Sturmgeschütz (carri d'assalto StuG III) Abteilung 8
- SS Artillerie regt (motorizzato) 8
- SS Flak Abteilung 8
- SS Nachrichten Abteilung (motorizzato) 8
- SS (Panzer) Aufklärungs Abteilung 8
- SS Radfahr Aufklärungs Abteilung 8
- SS Pionier Batallion (motorizzato) 8

Nel frattempo, la divisione, aveva raggiunto le linee di difesa dell'importante città di Krivoy Rog, sul fronte meridionale in Ucraina, dove dovette sostenere una serie di pesanti combattimenti contro un nemico ormai superiore in ogni campo.

Il 21 novembre, le SS, trincerate nella neve, dovettero sopportare una violenta offensiva sovietica, con squadroni scesi ad un organico di una ventina di uomini, comandati spesso da sottufficiali. Il 27 dello stesso mese i russi sfondarono sul fianco destro della divisione, approfittando delle asperità del terreno in quel punto. Solo grazie all'intervento del reggimento d'artiglieria si riuscì a chiudere la pericolosa falla nello schieramento tedesco.

Il 6 dicembre, ai superstiti della divisione, venne dato l'ordine di lanciare una controffensiva verso la cittadina di Tovarka che riuscirono ad occupare solo per perderla il giorno dopo.

Nelle settimane successive la maggior parte della divisione fu posta, prima, in riserva e, poi, trasferita in Croazia, per un periodo di riposo e di riorganizzazione.

Solo un *Kampfgruppe* formato dal 15° reggimento di cavalleria e dalla 1° batteria dell'8° reggimento d'artiglieria rimasero lungo la linea del fronte aggregati alla 6° *Panzerdivision* a nord di Kirovograd dove, durante un contrattacco, riuscì a catturare una grande quantità di rifornimenti assegnati all'Armata Rossa.

Alla fine di dicembre il *Kampfgruppe* fu assegnato alla 389° divisione di fanteria con cui continuò ad operare lungo la linea Tolepino – Kamenka, proprio in quel settore i russi riuscirono a sfondare le linee tenute dai cavalleggeri il 10 gennaio del 1944, costringendoli a ritirarsi a Kirovograd. Quest'ultima città si trovò ben presto circondata dalle truppe russe costringendo le forze tedesche superstiti ad abbandonare alla chetichella la città nella notte tra il 9 e il 10 gennaio, sparpagliandosi in piccoli gruppi e abbandonando l'armamento pesante.

Una volta sorto il sole le SS, riorganizzatisi nella cittadina di Andreyevka, dovettero fronteggiare un violento attacco delle fanterie russe che venne respinto solo dopo violenti combattimenti ravvicinati.

Il 20 gennaio, i superstiti del *Kampfgruppe*, furono finalmente ritirati dal fronte e mandati in Croazia dove si unirono al resto della divisione, che, assieme al nuovo reggimento, contava 5182 uomini tra ufficiali e soldati.

Un'altra unità della divisione di cavalleria era rimasta in Russia, questa era il 17° reggimento di cavalleria, che, dopo un breve periodo di sosta nelle retrovie, venne mandato al fronte nel settore di Brest-Litovsk all'inizio del 1944.

Durante i primi scontri a fine gennaio il comandante del reggimento l'Obersturmbannführer Zehender venne ferito, e sostituito dallo Sturmbannführer Janssen che guidò i suoi uomini nella riconquista della città di Rossysze il 9 febbraio. Il 27 dello stesso mese i sovietici lanciarono un offensiva che costrinsero le SS alla difensiva nel settore a nord est della città di Kovel. La battaglia fu molto sanguinosa e lo stesso Janssen cadde negli scontri, sostituito poi dall'Hauptsturmführer Schiefer.

Il 16 marzo l'SS-Gruppenführer Gille, appena uscito dalla sanguinosa sacca di Cherkassy, per poter meglio coordinare i soccorsi, giunse alla città di Kovel. Pochi giorni dopo Kovel, con all'interno il 17° reggimento, venne circondata dai russi, presto ridotto a poche centinaia di uomini guidati dall'SS-Hauptsturmführer Ameiser. Così un cadetto ufficiale del reggimento descrisse questi spietati scontri:

Dopo aver lasciato Riga verso Poznan (Posen), entrai nella RAD (servizio del lavoro) a Magdeburg nel 1942. Nel 1943 entrai volontario nelle Waffen SS a condizione di poter servire nella cavalleria. Le mie ragioni per questo erano dovute a una certa idea che avevo dell'élite, incoraggiate dal motto "Cameratismo e Qualità", anche una chiacchierata con mio padre, che era stato un cavaliere dello Zar e mi disse: "Entra nella cavalleria, è sopportabile essere un cavalleggere". Così, nell'estate del 1943, a Schiratz, vicino Litzmannstadt, entrai a far parte del 3° reggimento della divisione di cavalleria delle SS. Fino al nuovo anno, fummo al campo d'addestramento, ricevendo principalmente istruzioni di fanteria e cavalcando cavalli mediocri. Nel gennaio del 1944 dovetti essere ricoverato in ospedale non potendo così partire con il mio reggimento per Kovel. Successivamente, insieme ad altri 30 o 40 camerati, formammo il *Regimentsnachkommando* con cui dovevamo portare materiali, armi e rifornimenti. Il reggimento era appiedato e usato come un tipo di "corsetto" diffuso in isolati reparti, costituiti da genieri o impiegati delle ferrovie. Siccome tutti gli ufficiali e i comandanti erano stati uccisi, il mio reparto era comandato da un SS-Unterscharführer. Il comandante del mio squadrone, Willi Geier, era impegnato in un altro settore del fronte (dalla forza di un battaglione). Fui promosso a SS-Sturmann a Kovel ottenendo la mostrina d'assalto e la decorazione di bronzo per i combattimenti ravvicinati. A questi, si aggiunse, come comandante di squadra, la Croce di Ferro di seconda classe per gli scontri a sud ovest di Kovel. Il nostro reparto dovette spostarsi lungo le sponde occidentali del Turija prendendo posizione intorno a Kolkhoze. Durante quella stessa notte fummo attaccati da preponderanti forze sovietiche e costretti a ritirarci. La sponda occidentale era molto scoscesa mentre la sponda orientale era piatta. Coprii le squadre e i plotoni isolati mentre si ritiravano, altrimenti sarebbero stati un facile bersaglio. Fui l'ultimo della mia squadra a lasciare la sponda occidentale. Durante la notte del sabato di Pasqua, appena prima che l'accerchiamento fosse rotto dalla SS-Division "Wiking", fui ferito da un proiettile attraverso l'avambraccio...[11]

---

11 Ivi, p. 143.

Solo la mattina del 30 marzo unità tedesche, e, tra i primi, il 9° reggimento SS *Panzergrenadier* "Germania" appartenente alla Wiking, riuscirono a rompere l'accerchiamento, liberando la città dall'assedio.

Il 17° reggimento rimase in linea fino ad aprile in quel settore, combattendo su un terreno reso impraticabile ai mezzi dal fango causato da piogge torrenziali. Successivamente i cavalleggeri vennero inviati in Ungheria dove sarebbero andati a formare il nucleo della nuova divisione di cavalleria: la 22° *SS Freiwilligen Kavallerie Division*, la futura divisione Maria Theresia.

▲ Ucraina 1943. Le SS-Sturmbannführer Walter Drexler (8° SS-Cavalry Division Florian Geyer) e l'SS-Obersturmbann-führer Otto Weidinger (2° SS-Panzer-Division Das Reich) insieme sul campo di battaglia.

▲ Le seguenti fotografie (da pag. 41 a pag. 46) ritraggono un rastrellamento di un villaggio russo nell'ambito di un'operazione antiguerriglia.

▲ SS del reparto motociclisti della Florian Geyer in azione.

▲ Combattimenti antiguerriglia.

▼ Reparto motociclisti. (da pag.48 a pag. 51)

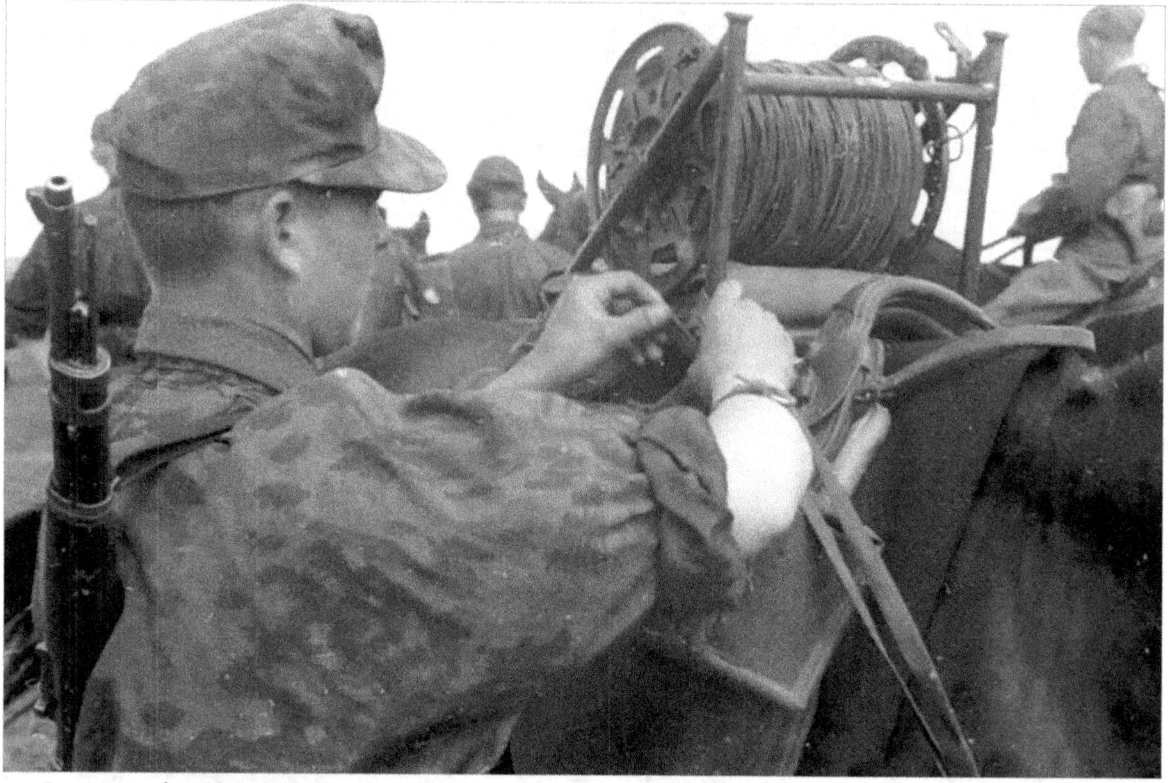

▲ ▼ Le seguenti foto (da pag. 52 a pag. 59) del corrispondente di guerra Ferdinand Fritsch ritraggono un reparto di collegamento della Florian Geyer intento a stendere dei cavi telefonici nelle retrovie. (NARA US Gov.)

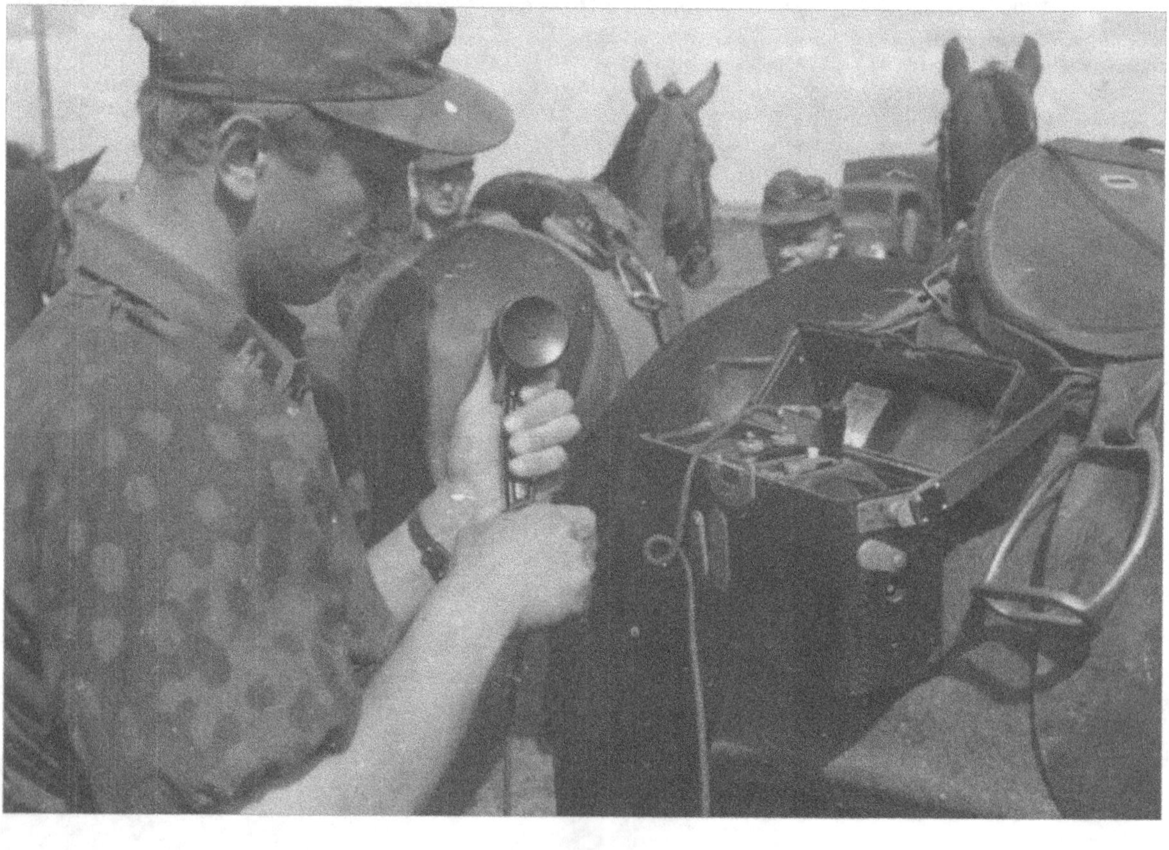

▲ Soldato della Florian Geyer durante un trasferimento ferroviario.

▲ ▼ Immagini del battaglione cacciacarri (Abteilung 8) da pag. 61 a pag. 65, dotati di StuG III in azione in Russia.

▲ ▼ Cavalleggeri e carristi dell'Abteilung 8 durante una pausa nei combattimenti.

▲ Pasqua 1944. La popolazione locale offre le uova ai soldati delle SS.

▼ Primo piano di un carrista dell'Abteilung 8.

▲ Carro d'assalto StuG III di fianco a una colonna di cavalleria. Antico e moderno a confronto.

I COMBATTIMENTI IN UNGHERIA

Intanto in Croazia i ranghi della divisione vennero rinfoltiti da nuove reclute *Volkdeutschland*, la maggior parte dei quali di età compresa tra i 17 e i 18 anni e sempre più spesso coscritti dall'amministrazione tedesca. L'addestramento di queste nuove reclute veniva saltuariamente integrato con vere operazioni di antiguerriglia per contrastare i partigiani locali.

L'equipaggiamento fu comunque migliorato con l'adozione delle auto fuoristrada anfibie *schwimmwagens* e, al reggimento d'artiglieria, venne assegnato un nuovo battaglione numerato come 2°, mentre al 3° battaglione vennero forniti dei cannoni semoventi: 4 Hummel (Sd.Kfz. 165 con un obice da 150 mm) e 8 Wespe (Sd.Kfz.124 dotato di un obice da 105 mm).

Il 12 marzo, alla divisione di cavalleria delle SS, venne assegnato il nome di Florian Geyer appartenente ad un valoroso cavaliere protagonista della guerra contadina del 1524 – 1525 che si distinse soprattutto al comando della fazione dei contadini detta "Esercito della Luce".

Lo stesso mese, elementi della divisione, andarono a formare il *kampfgruppe* Streckenbach impegnato nella lotta ai partigiani con nell'operazione "Cannae" lungo il Danubio.

Il primo aprile il comando della Florian Geyer venne affidato all'Obersturmbannführer Joachim Rumohr, già comandante del reggimento d'artiglieria della stessa divisione, aggiunse le Foglie di Quercia alla sua Croce di Cavaliere per la sua azione di comando durante la battaglia di Budapest. La divisione nel frattempo si stava rafforzando. A luglio il suo organico raggiungeva le 12.895 unità di cui 258 ufficiali e 1538 sottufficiali.

Nell'agosto del 1944 scattò la grande offensiva russa che spazzò via il Gruppo Armate Centro, a seguito di questa offensiva, a metà mese, venne coinvolta anche la Bessarabia (oggi Moldavia). Il comando tedesco si trovò in grave difficoltà, ciò dovuto anche al cambio di fronte della Romania che da alleata era diventata nemica. A quel punto tutte le riserve del Gruppo Armate Sud vennero tenute impegnate per tenere aperto un corridoio in Transilvania in modo da permettere alle truppe tedesche di ritirarsi dalla Romania così da riformare un fronte lungo i Carpazi.

La Florian Geyer venne impegnata lungo il fiume Mures a partire da settembre. Lì una serie di alture su un terreno sostanzialmente piatto favorirono la difesa dagli attacchi della VI Armata della Guardia sovietica. Il battaglione di ricognizione sostenne un violento combattimento nella zona tra Lichinta e Moresi, costringendo i russi a bloccare la loro spinta offensiva fino a quando la pressione della loro artiglieria non costrinse le SS a ritirarsi il 17 settembre.

Dal giorno 29, la divisione di cavalleria, fu posta alle dipendenze del XXIX Corpo d'Armata a sua volta sottoposto alla II Armata Ungherese, facente parte a sua volta, insieme alla VIII Armata Tedesca, del Gruppo Armate Wöhler.

Per evitare il rischi di un eventuale accerchiamento venne ordinata la ritirata dai Carpazi, di nuovo coperta dalla Florian Geyer con i soliti scontri di retroguardia. Venne così definitivamente abbandonata la linea sul fiume Mures verso la nuova linea difensiva detta Margarethe ad est della capitale ungherese. Iniziava così la battaglia per Budapest.

Nel frattempo la situazione in Ungheria stavo volgendo al peggio per le armi tedesche. Il governo ungherese dell'ammiraglio Horthy stava infatti cercando di uscire dalla guerra abbandonando così l'alleato germanico. Hitler, per prevenire questa situazione, decise di mettere in atto l'operazione Panzerfaust, con cui mise al governo ungherese le Croci Frecciate a lui favorevoli e disponibili a continuare la guerra al suo fianco. Questa operazione fu attuata principalmente dai paracadutisti delle SS guidate da Otto Skorzeny il 15 ottobre, mentre la 22° divisione di cavalleria Maria Theresia procedette nell'occupazione dei settori vitali della città.

Nel frattempo la Florian Geyer si trovò impegnata lungo la Margarethe, nella zona del fiume Tisza dove era stata creata una testa di ponte, per respingere gli attacchi sovietici. Il 29 ottobre, i russi, lanciarono una grande offensiva, convinti di conquistare la capitale ungherese per il 7 dello stesso mese, ma vennero fermati davanti alla cittadella di Ocsa. Il 4 novembre la Florian Geyer insieme ad elementi della divisione Feldhernhalle, che si trovava posizionata sul fianco sinistro delle SS, riconquistarono le cittadine di Vecses e Ullo. Sulla destra della Florian Geyer si schierò in quegli stessi giorni la Maria Theresia, tutti facenti parte ora del III *Panzer-Korp*.

Il 6 novembre, i cavalleggeri delle SS, lanciarono una serie di limitate controffensive allo scopo di conquistare alcune trincee, questo portò a violenti scontri corpo a corpo all'interno delle stesse prima di venire strappate ai soldati russi. I combattimenti per l'occupazione di queste importanti trincee, indispensabili per mantenere la testa di ponte, durarono fino al 9 dello stesso mese in cui fu particolarmente impegnata la 22° divisione di cavalleria.

Il 15 novembre, il 15° reggimento di cavalleria, insieme al battaglione di ricognizione affiancato da elementi della divisione Feldhernhalle e della 12° divisione riservisti, riconquistò Vecses, perso appena alcuni giorni prima, dopo una sanguinosa battaglia. Negli stessi giorni unità della 22° divisione delle SS vennero mandate sull'isola di Csepel a sud di Budapest, minacciata dai russi.

Il 25 novembre i russi lanciarono un'altra offensiva su Vecses con ben 35 divisioni di fucilieri e 7 corpi meccanizzati del II Fronte Ucraino. L'8° battaglione di ricognizione della Florian Geyer insieme a reparti corazzati della divisione Feldhernhalle si lanciarono al contrattacco e il giorno dopo i sovietici vennero di nuovo respinti da Vecses verso Ullo. Il giorno 20 novembre, unità russe, ruppero il fronte tra la 22° divisione delle SS e la 1° divisone ussari ungherese. Solo il giorno dopo, con unità della polizia tedesca e della 13° divisione SS Handschar, i tedeschi riuscirono a bloccare l'infiltrazione nemica.

I giorni successivi furono di relativa calma, anche i russi dovevano riorganizzarsi, e gli unici combattimenti degni di nota si ebbero sull'isola Csepel.

▲ Soldato della SS Kavallerie-Division in Ungheria nell'ottobre del 1944.

▲ SS scruta con il binocolo per prevenire eventuali minacce.

L'ASSEDIO DI BUDAPEST
E L'ANNIENTAMENTO DELLA DIVISIONE

La situazione del fronte tedesco si deteriorò agli inizi di dicembre quando i russi riuscirono ad aprirsi un varco lungo la linea Margarethe a sud e a nord delle posizioni tenute dalle SS. Inoltre, i sovietici, riuscirono a creare delle teste di ponte sul Danubio a nord di Budapest e a sud, lungo il lago Balaton, minacciando di chiudere in una tenaglia la capitale Ungherese. Le forze tedesche e dei loro alleati non avevano più riserve per sferrare un contrattacco e si limitarono a difendere le loro posizioni.

Il 13 dicembre il IX *Waffen Gebirgs Korp der SS* al comando dell'SS-Gruppenführer Karl von Pfeffer-Wildenbruch venne incaricato della difesa di Budapest.

Il giorno di natale del 1944 la morsa della tenaglia sovietica si chiuse intorno alla città ungherese.

L'8° divisione di cavalleria delle SS nel frattempo resisteva ancora lungo la Margarethe, mantenendo in suo possesso Vecses, ma con l'aggravarsi della situazione intorno a Budapest, dovette inviare rinforzi all'interno della città. Il 15° reggimento venne riposizionato a Obuda, mentre il 16° e il 18° reggimento vennero disposti a sud ovest di Buda con l'8° reggimento d'artiglieria schierato a sud di Buda, lo spostamento fu effettuato il 26 dicembre ripiegando dalle precedenti linee difensive lungo la Margarethe.

Presto la battaglia si accese violentissima nei sobborghi della città, mentre i rifornimenti cominciavano a scarseggiare, soprattutto per quanto riguardava le munizioni dell'artiglieria. Per gli assediati, la mancanza di viveri, venne fronteggiata grazie all'uccisione dei cavalli delle due divisioni di cavalleria tedesche intrappolate nella città, riuscendo in questo modo a sfamare i difensori che, altrimenti, avrebbero certamente ceduto le armi ai nemici.

La Florian Geyer nel solo mese di dicembre aveva avuto 415 caduti, 1713 feriti e ben 381 dispersi. Ma il mese successivo fu molto più impegnativo per questa divisione di cavalleria tedesca, come per tutte le unità impegnate nel duro assedio. I tentativi di rompere l'assedio del IV *Panzer-Korp* delle SS vennero tutti bloccati dai russi e gli ordini tassativi di non abbandonare la capitale ungherese segnarono la sorte finale di tutto il IX *Waffen Gebirgs Korp* e della Florian Geyer.

La battaglia si accese casa per casa sulle basse colline dei sobborghi cittadini, come a Stalingrado, la battaglia era dominata da scontri ravvicinati tra le fanterie per la difficoltà dei carri armati d'intervenire su un terreno densamente costruito. Malgrado i continui bombardamenti con le artiglierie e l'aviazione i difensori riuscivano ad avvantaggiarsi sfruttando le rovine della città ormai distrutta.

La difesa del castello reale, dove si trovava il quartier generale e l'ospedale, venne garantita dall'Obersharführer Friedrich Buck che, al comando del 5° squadrone del 18° reggimento e di alcuni soldati ungheresi, riuscì a respingere numerosi attacchi sovietici per diverse settimane. Per queste azioni venne decorato il 27 gennaio con la Croce di Cavaliere e la barra in oro per il combattimento corpo a corpo.

Così descrisse gli scontri in Ungheria e la battaglia di Budapest l'SS-Hauptsturmführer Kurt Portugall, comandante della prima batteria dell'SS-Flak-Abt. 8, che, proprio il 6 gennaio, aveva ottenuto l'importante decorazione della Croce Tedesca in Oro:

> Io e la mia batteria entrammo ancora in azione contro i carri armati nell'area di Bogota. Il 12 settembre, a Lechinta (Maros), dei sei carri sovietici che ci assalirono, quattro furono distrutti; il 15 settembre a Ludus (Maros), altri due subirono la stessa sorte. Il 25 settembre, venimmo impiegati con la nostra artiglieria a Lechinta, così da fornire un adeguata potenza di fuoco contro il concentramento delle truppe nemiche... Successivamente ci ritirammo verso ovest... A Budapest. Dal 20 al 25 settembre, fummo distaccati presso l'unità di ricognizione dell'8° *Panzerdivision* in modo da fornirgli il supporto d'artiglieria. La

determinazione della telemetria veniva effettuata via radio da un SPW (*Schützenpanzerwagen*, veicolo di fanteria corazzato) che procedeva affiancata a noi. Le città di Ajak e Dombradont furono riconquistate, permettendo alla divisione circondata di rompere l'accerchiamento. Il 25 ottobre, insieme allo stesso reparto, attaccammo Berkecs a nord di Nyreghaza. Grazie a questo attacco sul fianco, Nyreghaza fu riconquistata e il treno di rifornimenti divisionale fu in grado di tornare indietro... di nuovo, verso una direzione occidentale, passando da Hotvan, lungo i confini più orientali dei sobborghi di Budapest. Il 24 dicembre, la Prima batteria, fu posizionata sulla riva occidentale della sponda del Danubio, vicino al ponte "Admiral Horthy", con i cannoni che miravano verso sud. I cannoncini da 2 cm vennero disposti in una posizione di tiro davanti all'hotel Gellert. Il 25 gennaio, il ponte che portava sulla sponda est fu fatto saltare in aria e noi fummo completamente circondati in Buda... I cannoni furono trasportati indietro verso l'università e organizzato un gruppo da battaglia. Il *Kampfgruppe* "Portugal" doveva coprire un vuoto sulla collina dell'Aquila, appena abbandonato da dei disertori ungheresi. Qui l'SS-Hauptscharführer Steinberg e l'SS-Untersturmführer Wilke caddero... Violenti combattimenti strada per strada si ebbero in Budapest... di casa in casa... molte perdite[12].

Alla fine di gennaio le varie unità a difesa di Budapest si trovavano in gran parte mischiate tra loro, mentre il perimetro difensivo andava via via riducendosi. Neppure il valore delle unità d'élite poteva ormai salvare la città. La notte dell'11 febbraio Pfeffer-Wildenbruch decise di tentare una sortita nella speranza di poter salvare più uomini possibili dal disastro. Il disperato attacco fu sferrato con circa 24.000 soldati tedeschi più 20.000 ungheresi, subito un violento sbarramento d'artiglieria bloccò la fuga a molti di loro, solo piccoli gruppi riuscirono a sfuggire di nascosto alla morsa dell'Armata Rossa. Per il IX *Waffen Gebirgs Korp* fu la fine, solo il 2% si mise in salvo, mentre il suo comandante venne catturato quella notte stessa. La divisione Florian Geyer seguì la sorte del corpo di cui faceva parte venendo totalmente annientata nel tentativo di aprirsi un varco verso la salvezza. La maggior parte dei suoi uomini vennero uccisi quella notte così come il comandante della divisione Rumohr.
I pochi superstiti delle due divisioni di cavalleria che riuscirono a raggiungere le linee tedesche vennero inquadrati in una nuova divisione di cavalleria delle SS la 37° Lützow con cui conclusero la guerra.

▲ Panzer Hetzer 38 della divisione SS Florian Geyer in Ungheria.

---

12 Ivi, p. 174.

SS-FREIWILLIGEN-KAVALLERIE-DIVISION MARIA THERESIA

Man mano che il fronte russo si avvicinava a minacciare la Germania, i tedeschi andavano a creare sempre nuove divisioni SS, arruolando così un sempre maggior numero di *Volksdeutsche*, cioè di tedeschi nati fuori della Germania, altrimenti non inquadrabili nei reparti della Wehrmacht. Questo fu il caso della divisione Maria Theresia, formata a partire da *Volksdeutsche* d'origine ungherese.

Fu per un ordine dello SS-FHA (Quartiere generale operativo delle SS), del 29 aprile 1944, che una nuova divisione di cavalleria prese corpo intorno al nucleo rappresentato dal 17° reggimento di cavalleria della divisione Florian Geyer. Questo reparto era reduce dai furiosi combattimenti che si erano svolti tra marzo e aprile di quello stesso anno nella sacca di Kovel, sul fronte russo. Qui, il reggimento di cavalleria, aveva affrontato una dura prova, lontano dal resto della divisione cui apparteneva. Nonostante il reggimento uscisse vittorioso da quella battaglia le perdite furono alte e il reparto dovette essere ritirato dal fronte per un periodo di riposo e ristrutturazione. Il reggimento fu inviato a Kisber in Ungheria dove, da aprile, rimpinguò i suoi ranghi per divenire il cuore della futura divisione di cavalleria.

A partire da questa sperimentata unità furono arruolati numerosi coscritti *Volksdeutsche*. Non tutte le reclute erano comunque digiune dell'arte della guerra. Molti provenivano dall'Honved, l'esercito Ungherese, che, grazie a un accordo tra i tedeschi e il reggente ungherese Horty, furono lasciate disponibili per la nuova formazione delle SS.

Il compito di organizzare la nuova divisione venne affidato direttamente dallo SS-FHA allo SS-Obergruppenführer Georg Keppler che, a partire dal primo maggio al 30 ottobre del 1944, fu impegnato nella costituzione di questa nuova unità. L'addestramento fu eseguito negli accantonamenti di Kisber, Gyor e Budapest, mentre l'artiglieria a cavallo s'insediò nelle città di Bicske, Zsamek e Raty. L'armamento pesante e i veicoli erano per la maggior parte d'origine ungherese, mentre, lo SS-FHA, s'impegnò nel fornire le cavalcature requisendole in Ungheria.

In origine si era stabilito che la divisione doveva comprendere ben quattro reggimenti di cavalleria, numerati a partire dal *Freiwilligen-Kavallerie Regiment der SS* 52 fino al numero 55, con l'aggiunta di un reggimento d'artiglieria, identificato con il numero 22. In realtà il 55° reggimento non venne mai costituito, mentre il *Freiwilligen-Kavallerie Regiment der SS* 53 venne formato solo in ottobre nel settore di Kisber-Boboina. Il 17° reggimento di cavalleria avrebbe dovuto assumere il numero 54 ma mantenne la sua vecchia numerazione.

La nuova divisione assunse il nome di *SS-Division Ungarn*, ma questo durò solo da luglio a metà settembre quando venne rinominata 22° *SS-Freiwilligen-Kavallerie-Division*. Alla fine dell'anno le venne ufficialmente assegnato il nome di Maria Theresia, in onore della grande imperatrice d'Austria. Come emblema dell'unità venne scelto il fiordaliso, considerato il fiore preferito dall'imperatrice, questo simbolo venne utilizzato sul lato destro del colletto dell'uniforme.

L'organigramma della divisione era il seguente:

* Divisionsstab
* Freiwilligen-Kavallerie Regiment der SS 52
* Freiwilligen-Kavallerie Regiment der SS 53
* Freiwilligen-Kavallerie Regiment der SS 54 (mantenne la sua denominazione originaria di 17)
* Freiwilligen-Artillerie Regiment 22
* Panzerjager-Abteilung 22

- Flack-Abteilung 22

Il comando della divisione venne assunto in agosto dall'SS-Brigadeführer August Zehender che in precedenza era stato al comando del battaglione motociclisti della *Das-Reich* e successivamente del 2° reggimento di cavalleria. Zehender era un ufficiale molto esperto, decorato con la Croce di Cavaliere e avrebbe condotto la divisione fino alla tragica fine nella

▼ Stemma della divisione Maria Theresia.

▲ Soldato della divisione Maria Theresia in cui è in evidenza il simbolo del fiordaliso.

PRIMI IMPIEGHI AL FRONTE

battaglia di Budapest.

In agosto, il 17° e il 52° reggimento, insieme al reggimento d'artiglieria, vennero dichiarati pronti al combattimento, questo malgrado la mancanza di rifornimenti e materiali che, fin dall'inizio, avevano gravato sui reparti della nuova divisione.

Questi primi reparti della 22° divisione ricevettero il loro battesimo del fuoco nei combattimenti di retroguardia che si svolsero in settembre a Debreczen in Romania. Successivamente, verso la fine dello stesso mese, il 52° reggimento venne organizzato come *Kampfgruppe*, chiamato "*Kampfgruppe Ameiser*" dal suo comandante, lo SS-Hauptsturmführer Toni Ameiser. In origine il *Kampfgruppe* era guidato dal comandante del 52° reggimento, lo SS-Sturmbannführer Harry Wiedemann, ma egli venne ucciso nelle fasi iniziali della battaglia.

Il 30 settembre quest'unità venne inviata nella zona di Arad in Romania con il compito di rinforzare il fronte ungherese lungo la linea Szeged-Arad-Oradea. Il *Kampfgruppe* posto tra la 4° e la 9° divisione di fanteria ungherese creò un cerchio difensivo intorno alla città di Arad.

Il primo ottobre, i russi, attaccarono Arad. All'inizio i sovietici scagliarono degli attacchi frontali quasi suicidi che, malgrado il valore dei soldati russi, non portarono ad altro che a gravi perdite nelle loro file. Successivamente i russi cambiarono tattica attaccando le meno solide unità ungheresi a nord e a sud del *Kampfgruppe*. Così, i tedeschi, si trovarono minacciati lungo i fianchi e il 6 ottobre il *Kampfgruppe* venne circondato.

Nonostante questo il *Kampfgruppe* mantenne le posizioni fino a quando Amaiser decise di portare i suoi uomini fuori dalla sacca, dove stavano per essere annientati. Per riguadagnare le loro linee, a occidente, i tedeschi avrebbero dovuto attraversare il fiume Harmas, ma l'unico ponte ancora in piedi era occupato saldamente dai russi che avrebbero impedito di attraversarlo. L'8 ottobre, i sovietici, con un violento attacco divisero in due il *Kampfgruppe*, sul lato meridionale vennero a trovarsi la maggior parte degli uomini del 52° reggimento al comando del SS-Hauptsturmführer Vandieken che riuscì a portarli in salvo, attraversando il fiume Harmas a nuoto con i cavalli. Diversamente andò ad Amaiser e al resto degli uomini del *Kampfgruppe* che, per sfuggire alla morsa della sacca, fu costretto ad un lungo percorso in territorio nemico, nascondendosi di giorno e spostandosi di notte. Egli raggiunse le linee tedesche il 30 ottobre con solo 47 superstiti, dopo un viaggio di duecento chilometri dietro le linee avversarie. Per il suo comportamento in questi fatti Amaiser venne insignito della Croce di Cavaliere il primo novembre.

Nel frattempo, il resto della divisione, veniva impegnato nella città di Budapest nell'importante operazione Panzerfaust, che prevedeva il ripristino dell'alleanza tra gli ungheresi e i tedeschi, dopo che l'ammiraglio Horthy aveva intavolato trattative con gli alleati per un cambio di alleanze. Quando il 15 ottobre il reggente ungherese Horthy diramò, via radio, l'avvio di trattative con i sovietici, venne dato inizio all'operazione Panzerfaust.

Lo svolgimento di quest'operazione vide la 22° divisione impegnata come supporto alla forza principale guidata da Otto Skorzeny e dai suoi paracadutisti. L'intervento dei cavalleggeri fu in ogni modo determinante nell'occupare tutti i punti nevralgici della capitale ungherese, compreso il palazzo del governo, impedendo così alla Honved qualunque tentativo di reazione, ciò permise ai tedeschi di effettuare il colpo di stato con minimo spargimento di sangue. Nell'operazione si ebbero, infatti, solo quattro morti tra i tedeschi e tre tra gli ungheresi, caduti tutti nello scontro che si ebbe per il possesso del castello della città.

▲ Una SS duranti gli scontri in Ungheria.

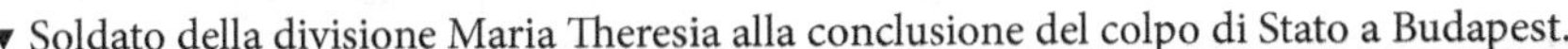

▲ Cavalleggeri della SS-freiwilligen-kavallerie-division Maria Theresia.

▼ Soldato della divisione Maria Theresia alla conclusione del colpo di Stato a Budapest.

LA BATTAGLIA DI BUDAPEST

Il successo dell'operazione Panzerfaust fu per i soldati della Maria Theresia di breve durata. L'avvicinarsi dell'esercito sovietico alla capitale ungherese, nei primi giorni di novembre, rese necessario l'impiego dell'intera divisione per la sua difesa lungo la linea difensiva detta Margarethe. Il settore assegnato ai cavalleggeri della 22° divisione si trovava a sud est di Budapest, formando un anello difensivo tra Dunaharztil e Taksony, con al suo fianco sinistro l'8° divisione di cavalleria delle SS e sul lato destro il Danubio. Le unità tedesche in questo settore vennero assegnate al III *Panzer-Korps*. Già il 5 novembre i cavalleggeri vennero impegnati in una violenta offensiva nemica nell'area di Karola. Il giorno dopo le SS lanciarono una controffensiva per riconquistare il terreno perduto e alleggerire la pressione russa sui loro camerati della Florian Geyer che combattevano duramente nell'area intorno a Vecses, punto chiave della difesa tedesca. Quel giorno, i soldati di Zehender, riuscirono a catturare alcune trincee nemiche con furiosi corpo a corpo che provocarono gravi perdite ad entrambi i contendenti.

La 22° divisione fu impegnata in duri combattimenti fino alla fine del mese di novembre. Attacchi e contrattacchi si susseguirono in modo frenetico e disordinato. In particolare la ferrovia Budapest-Ocsa venne attaccata dai russi il giorno nove, costringendo le SS a ritirarsi di due chilometri lungo la linea ferroviaria stessa. Solo il giorno dopo una controffensiva a est di Soroksar riuscì a recuperare alcune centinaia di metri che vennero poi abbandonati al nemico a causa della crisi che aveva colpito gli altri reparti del III *Panzer-Korps*.

Il giorno 11 novembre la divisione di Zehender riuscì a chiudere un pericoloso varco di un chilometro d'ampiezza, apertosi a nord ovest di un ponte ferroviario nelle vicinanze della città di Gyal. Quest'ultimo contrattacco fu particolarmente sanguinoso e i reparti impegnati negli scontri si trovarono presto a corto di uomini.

Il 15, i sovietici, attaccarono l'isola di Csepel sul Danubio ad est di Szigetszentmiclas, costringendo Zehender ad distaccarvi un *Kampfgruppe* dalla sua divisione forte di un migliaio di uomini, al fine di stabilire una nuova linea del fronte. L'attacco all'isola venne supportato da un battaglione di fanteria meccanizzata della divisione Feldhernhalle e da un battaglione di volontari ungheresi. L'operazione ebbe successo nello scacciare i russi dall'isola, grazie anche alla mancanza di armi pesanti di quest'ultimi.

Il 18 i russi scatenarono una nuova offensiva nel settore del III *Panzer-Korps*, forti di 35 divisioni di fucilieri e 7 corpi meccanizzati del II Fronte Ucraino.

Respinti ancora una volta a Vecses i russi attaccarono il giorno 20 lungo la congiunzione tra la 22° divisione delle SS e la 1° divisone ussari ungherese, riuscendo ad aprirsi un varco e a raggiungere i sobborghi di Budapest. L'intervento della 13° divisione SS Handschar il giorno successivo riuscì a ripristinare la linea del fronte.

I giorni seguenti vennero impiegati dai contendenti a riorganizzarsi per future offensive. Dopo questi scontri la divisione aveva perso, da maggio, 1503 uomini tra morti, feriti e dispersi, mentre, la forza totale, era rimasta di 8000 unità.

Nei giorni tra il 4 e il 6 dicembre vennero respinte alcune pattuglie russe mandate in esplorazione lungo la linea ferroviaria Ocsa-Kispest. Mentre, dall'11 dello stesso mese, gli unici scontri con i sovietici si ebbero sull'isola di Csepel, dove la 22° divisione assunse alle sue dipendenze la 1° divisione corazzata dell'Honved. Il 13 dicembre, il IX *Waffen Gebirgs Korp der SS*, al comando dell'SS-Gruppenführer Karl von Pfeffer-Wildenbruch, venne incaricato della difesa di Budapest.

Dal 22 le azioni offensive russe subirono un forte incremento. Infine, il giorno di Natale, Budapest venne circondata da 250.000 soldati sovietici e il 27 Vesces cadde definitivamente in mano ai russi.

Dal giorno successivo cominciarono a farsi sentire le prime difficoltà nell'approvvigionare le truppe all'interno della sacca. In quel solo mese di dicembre la 22° divisione aveva perso circa 1000 uomini, tra caduti, feriti e dispersi. Altrettanto alte erano le perdite tra le altre forze impegnate in questa battaglia, in particolare molti furono i disertori ungheresi, soprattutto tra la 10° e la 12° divisione di fanteria.

Il 26 dicembre, a soli due giorni dall'inizio dell'assedio, alcune unità della Maria Theresia, poste ad occidente nella città di Budapest, riuscirono a fuggire dalla città assediata e a porsi in salvo entro le proprie linee. Per lo più si trattava di appartenenti ai servizi logistici.

Le difficoltà di approvvigionamento all'interno della sacca si cercò di risolverle mediante un ponte aereo, sfruttando le piste aeroportuali della capitale ungherese e costruendone di nuove. Grazie al ponte aereo molti feriti poterono così essere evacuati. Il 27 dicembre la perdita del principale aeroporto di Budapest, posto nel settore orientale della città, costrinse i tedeschi a realizzare una nuova pista nella parte nord di Buda, sfruttando un parco cittadino chiamato Vémezo.

Il problema degli approvvigionamenti alimentari era comunque in parte risolto dai 30.000 cavalli appartenenti alle due divisioni di cavalleria che, bloccati all'interno della città, servirono a sfamare gli assediati.

La 22° divisione, malgrado le forti perdite subite, fu costretta ad aumentare l'ampiezza del proprio fronte che si dovette estendere a tutta la zona sud di Budapest, arrivando fino a Budaros, passando per l'isola di Csepel.

I combattimenti continuavano a svolgersi furiosi casa per casa. Il 6 gennaio, una controffensiva compiuta dalla 22° divisione lungo le colline a sud della capitale, portò all'annientamento di un intero reggimento sovietico dopo una battaglia particolarmente aspra.

Mentre i tentativi di spezzare l'assedio, effettuati dal IV *Panzer-Korps* delle SS, fallivano, il perimetro difensivo della città assediata si riduceva sempre di più. Il 17 gennaio le ultime truppe dell'asse vennero evacuate da Pest e il ponte Franz-Joseph che collegava la parte occidentale con quella orientale veniva distrutto.

▲ Soldati della Maria Theresia a Budapest.

Il 19 gennaio, i resti della divisione Maria Theresia, furono duramente impegnati nella riconquista dell'aeroporto situato nel settore occidentale della città. Nello stesso giorno però le dimensioni della sacca si erano ridotte ad un quadrato di 1 km di lunghezza per 1 km di profondità. In questa situazione qualsiasi ponte aereo era destinato a fallire.

I reparti combattevano per la sopravvivenza ormai mischiati tra loro.

Alla fine di gennaio la situazione era senza via di uscita. Le razioni di cibo erano a questo punto diminuite e l'unica acqua potabile era rappresentata dalla neve che veniva sciolta nelle gavette. Anche le munizioni cominciavano a scarseggiare e i rifornimenti potevano essere solo paracadutati. Il comandante degli assediati Pfeffer-Wildenbruch non volle comunque accettare una resa incondizionata come accadde a Stalingrado, decise invece di tentare una disperata, per quanto tardiva, sortita. L'attacco si sarebbe dovuto svolgere su due direttrici verso occidente. L'8° divisione Florian Geyer e la 13° *Panzerdivision* avrebbe guidato l'attacco principale, mentre la 22° divisione Maria Theresia avrebbe seguito sul lato destro, coprendo il fianco e le spalle delle prime due unità. Nella notte dell'11 febbraio i tedeschi e i loro alleati suddivisi in piccoli gruppi cercarono di aprirsi un varco nelle linee avversarie come era stato stabilito, ma, la reazione nemica, fu violenta. Un furioso fuco di sbarramento dell'artiglieria bloccò ogni tentativo organizzato nel passare le linee nemiche. Questo tentativo fallì e segnò la fine di tutti i reparti impegnati nella difesa di Budapest, su 24.000 soldati tedeschi solo 785 riuscirono a guadagnare le proprie linee.

La divisione Maria Theresia cessò di esistere quella notte stessa. Il Brigadeführer August Zehender cadde combattendo insieme a molti dei suoi ufficiali, il comandante del battaglione antiaereo, lo SS-Hauptsturmführer Weckmann, preferì il suicidio piuttosto che cadere in mano ai nemici. Delle due divisioni di cavalleria delle SS solo 170 uomini riuscirono a salvarsi.

Solo il 52° reggimento della Maria Theresia, reduce della sacca di Arad, venne in parte risparmiato dall'annientamento. Nei mesi successivi da quest'unità prese corpo lo *SS-Kavallerie Regiment* 94 della nuova divisione di cavalleria delle SS Lützow che, raggruppando i superstiti delle due divisioni di cavalleria reduci da Budapest, combatterà nelle fasi finali della guerra.

▲ La Croce di Cavaliere Obersturmbannführer der Reserve Anton Ameiser al comando del reggimento SS-Freiwilligen-Kavallerie 94.

LA 37 SS-FREIWILLIGEN-KAVALLERIE-DIVISION LUTZOW

La distruzione del IX *Waffen Gebirgs Korp der SS* fu un vero disastro per le forze tedesche, tuttavia, per mantenere la tradizione di un corpo di cavalleria, venne creata una nuova unità di cavalleria con i cavalleggeri superstiti delle divisioni distrutte a Budapest a cui si sarebbero uniti alcuni coscritti adolescenti *volksdeutsche* di origine ungherese. Questa fu la 37° *SS-Freiwilligen-Kavallerie-Division Lützow*, così chiamata in onore di Ludwig Adolf Wilhelm von Lützow (1782 – 1834) comandante di cavalleria durante le guerre napoleoniche.

Nel gennaio 1945, il nucleo della nuova unità, fu riunita nei pressi di Bratislava sotto la guida dell'SS-Oberführer Waldemar Fegelein sostituito, nel mese di marzo, dall'SS-Standartenführer Karl Gesele. La futura divisione prevedeva la presenza di ben tre reggimenti di cavalleria, ognuno basato su due battaglioni. I reparti vennero radunati nei vari campi d'addestramento e di rincalzo della divisione Maria Theresia per poi essere riuniti, a marzo, presso Marchfeld, lungo il confine tra Ungheria e Slovacchia, presentando il seguente organigramma:

- SS-Kavallerie Regiment 92
- SS-Kavallerie Regiment 93
- SS-Kavallerie Regiment 94
- SS-Artillerie-Abteilung 37 (due batterie di FH18 10,5 cm)
- SS-Aufklärungs-Abteilung 37
- SS-Panzerjäger-Abteilung 37 (una compagnia equipaggiata con Hetzer)
- SS-Pionier-Bataillion 37
- SS-Nachrichten-Kompanie 37
- SS-Sanitäts-Abteilung 37
- SS-Nachschub-Truppen 37
- Feldersatz-Bataillon 37

La mancanza di uomini e di armi rese molto difficile raggiungere il pieno organico previsto per la divisione. Inoltre, la situazione al fronte era sempre più drammatica e richiedeva l'immediato intervento di ogni unità pronta al combattimento. Già alla fine di marzo venne creato un *Kampfgruppe* proveniente dalla divisione, guidato dal'SS-Oberstrumbannführer Karl-Heinz Keitel (figlio del più famoso Feldmaresciallo Wilhelm Keitel), per questo denominato *SS-Kampfgruppe* Keitel, aggregato al Primo SS *Panzerkorps* a sua volta appartenente a quel che rimaneva della 6° Armata Panzer SS impegnato nel coprire la ritirata dall'Ungheria verso l'Austria.

Il 92° reggimento fu impiegato intensamente lungo i confini austriaci dall'inizio di aprile, subendo pesanti perdite anche per l'inesperienza dei suoi soldati ma riuscendo a ottenere dei successi locali, respingendo un attacco sulla cittadina di Neuhof con il resto della divisione che si attestava sulla linea Aspern – Stadlau – Hirschstetten ma, quando i sovietici attraversarono il Danubio, il 12 aprile, la divisione, dovette ritirarsi verso una linea difensiva più occidentale.

All'inizio di maggio, Keitel, ordinò alla 6° Armata Panzer delle SS di prendere contatto con le forze americane che avanzavano da ovest per trattare una resa, cosa che avvenne il 7 maggio quando venne incontrata una delegazione americana. I negoziati terminarono il 10 maggio con la resa delle forze tedesche e la distruzione degli armamenti. Alla 37° divisione rimanevano ancora due carri armati Hetzer che vennero distrutti. Nei giorni seguenti, i soldati della 37°, si arresero agli americani man mano che giungevano da est, alla spicciolata, finendo in prigionia degli americani.

Interessante la testimonianza del comandante dell'8° squadrone appartenente all'*SS-Kavallerie Regiment* 93 circa le ultime fasi della guerra che vale la pena riportare:

Il primo aprile, cavalcammo attraverso Vienna durante un raid aereo, e ci stabilimmo per la notte nel quartiere di Oberlaa lungo la Reichsbrücke. Gli altri tre squadroni (il 5°, 6° e 7°), che erano partiti non appena saliti sul treno, dovettero discendervi lungo la strada e sparirono davanti ai miei occhi. Noi ci ritirammo di nuovo verso sud, rimanendo in contatto con il nemico fino a Pottenstein, dove svuotammo un deposito contenente derrate alimentari e vestiti. Con i russi che ci stavano con il fiato sul collo, continuammo verso Klausenleopoldsdorf. Ci trincerammo a Schöpflgitter, sopra un incrocio stradale nella foresta; alla nostra destra vi erano elementi della 12° *SS-Panzerdivision*, alla sinistra, la Leibstandarte. In quel luogo ci fu un alto numero di perdite. Il nostro quartier generale si trovava a Obergröd, e più tardi a Forsthof. I combattimenti si spostarono dietro Schöpflgitter dove erano stati catturati dei russi che ci avevano tirato alcune bombe a mano. Quella notte restammo in riserva a riposare in un granaio, per poi muoverci da Schöpflgitter verso Kaumberg. Laggiù, alcuni di noi, persero i contatti con il resto delle nostre truppe. Potevamo sentire i rumori della battaglia tutto intorno a noi usandoli per ritrovare la strada. Quando raggiungemmo la strada Klaumhöhe – Untertriesting, trovammo alcuni soldati sovietici delle unità di carri trainati che si stavano riposando mangiando un boccone dopo aver impilato le loro armi in piramidi giusto nel mezzo della strada, come fossero in tempo di pace. Immediatamente uscimmo dalla foresta gridando "Urrà", attraversando la strada totalmente incolumi così da riunirci con il resto della nostra unità nel cimitero a nord ovest di Kaumberg. Kaumberg era già stata occupata dal nemico. Due giorni dopo tentai di riconquistare Kaumberg con il supporto dell'artiglieria, che doveva coprire anche un attacco simultaneo di un'altra unità della Wehrmacht. Questo supporto non si materializzò mai e, senza nessun arma pesante con noi, fallimmo. Il quartier generale fu posto ad Araburg. Noi fummo pressati verso Heinfeld, con i sovietici che si muovevano lungo la valle e noi sulle montagne. Laggiù trovammo alcuni sovietici intorno al mercato in un'autopompa, che suonavano i loro corni e le loro campane. Inaspettatamente, fummo rilevati da unità della Wehrmacht e ci unimmo al *Kampfgruppe* "Keitel" in un convoglio motorizzato lungo la valle Pax, via Kleinzell, Hölle, Kalte Kuchl e Jagerwirt. Il Secondo del 93° reggimento stava usando la locanda di Hutbauer come comando. Laggiù, prendemmo posizione su una collinetta con i nostri cannoni trasportati da Gutenstein. Vi era persino un cannone anticarro che posizionammo in cima alla collina. Dovevamo lavorare duramente data la presenza della neve dappertutto. Dopo pochi giorni, fui trasferito presso i nostri vicini alla nostra sinistra, un'unità della Wehrmacht il cui colonnello era stato ospedalizzato. I russi ci attaccavano deliberatamente ogni notte dopo che avevano trangugiato una gran quantità di alcol, per essere spazzati via ogni notte con granate, un paio di Panzerfaust e blocchi di pietra. Il buio era anche dalla nostra parte; uomini di Skorzeny – vestiti in abiti civili o indossando uniformi russe – attraversavano la nostra posizione usando dei nomi in codice. Da Streimling, potevo vedere l'incrocio stradale tra Urgerbach e Perlgraben e osservare il via vai dei rifornimenti nemici. Una volta che prendemmo la mira con i nostri cannoni, fummo capaci di distruggerli sostanzialmente con i bazooka che avevamo richiesto.
Nel pomeriggio dell'8 maggio, dopo una breve riunione al comando di battaglione, la nostra unità fu rilevata la stessa notte; c'era stato richiesto di usare ogni precauzione e portare via tutte le nostre armi ed equipaggiamenti. Non ci avevano detto che la guerra era finita, solo che dovevamo dirigerci verso Mariazel, che raggiungemmo la mattina del 9 maggio. Fu laggiù, durante una pausa, che sentimmo che la guerra era finita e che erano stati raggiunti degli accordi con gli americani, a cui ci arrendemmo finendo prigionieri a Altenmarkt il 10 maggio dopo aver attraversato il fiume Enns...[13]

La divisone Lützow concludeva la sua esistenza quello stesso 10 maggio, insieme alla maggioranza dell'esercito tedesco. Altre unità di cavalleria, come la compagnia rimpiazzi della Florian Geyer e i cadetti di cavalleria della scuola di Weende, vicino a Göttingen, finirono per essere inviati verso Praga dove scomparvero durante gli scontri finali contro i sovietici intorno a questa città alla fine della guerra.

---

13 Ivi, p. 183.

▲ Soldati della Lützow si spostano rapidamente a cavallo.

▼ Stemma della divisione Lützow.

CONCLUSIONI

La divisione Florian Geyer era nata come un'unità predisposta per combattere le forze partigiane ma si trovò a svolgere anche compiti di prima linea a cui non era preparata, con il perdurare della guerra e delle necessità contingenti quest'ultimo compito fu predominante sulla lotta di guerriglia. Rispetto alle altre divisioni delle SS la Florian Geyer si trovò svantaggiata nei combattimenti regolari soprattutto per quanto riguardava la preparazione tattica degli ufficiali intermedi i cui errori causarono molte perdite nei ranghi della divisione. Queste carenze furono sopperite, in parte, dal forte spirito di corpo degli uomini della divisione che non venne mai meno neppure alla fine, quando nei suoi ranghi si trovavano, in maggior parte, coscritti *Volksdeutsche*, facendone così un unità d'élite.

Le vicende della 22° divisione Maria Theresia rimangono strettamente legate alla terribile battaglia di Budapest. Questa unità delle SS seppe tenere testa alle preponderanti forze nemiche, questo malgrado che la formazione della divisione risalisse a soli pochi mesi prima della decisiva battaglia. La maggior parte dei suoi uomini era rappresentato da coscritti, inoltre, il suo armamento, non era certo dei più all'avanguardia. Nonostante ciò i suoi soldati preferirono l'annientamento totale piuttosto che la resa, dimostrando un valore non comune.

Sebbene le due divisioni di cavalleria ebbero riconosciuti meno Croci di Cavaliere rispetto alle principali divisione delle SS (la Leibstandarte ne ebbe 58 e la Das Reich 69), ebbero comunque un certo numero di Croci di Cavaliere, nonostante il loro impiego fosse principalmente legato a compiti antiguerriglia, lontano dalle grandi offensive del fronte orientale e il ristretto numero di soldati impiegati dalla cavalleria. La Florian Geyer ebbe ben 22 Croci di Cavaliere e, la Maria Theresia, nel breve tempo della sua esistenza, ricevette 6 Croci di Cavaliere, tutte decorazioni insignite a suoi soldati. L'esperienza maturata nel compito più congeniale dell'antiguerriglia dimostrò l'efficacia delle unità a cavallo su terreni difficili. Sebbene gli ultimi combattimenti tra truppe a cavallo in prima linea avvennero solo nel periodo iniziale della guerra, rendendo l'arma della cavalleria ormai obsoleta in un conflitto moderno, la sua attività venne ben apprezzata nella lotta ai partigiani, tanto che, ancora negli anni '70, vennero impiegate, con successo, unità a cavallo nella guerra in Rodesia che, sui difficili terreni africani, resero la vita difficile ai movimenti guerriglieri.

▲ Fegelein e Himmler confabulano seguiti dallo staff del capo delle SS (Bundesarchiv).

▲ Prigionieri tedeschi tra cui elementi della SS.

▼ Drappello di SS a cavallo della Florian Geyer in un'immagine di propaganda del tempo.

▲ Brigata di cavalleria delle Waffen SS 23 settembre 1941 Russia. (Bundesarchiv)

▼ Elementi SS a cavallo scovano un deposito d'armi clandestino in Russia (Archivio Afiero).

▲ Cavalleria delle SS nell'Unione Sovietica occupata, giugno 1942 (Bundesarchiv).

▲ SS di una divisione di cavalleria in una pasusa di marcia in Russia (Bundesarchiv).

▲ Ufficiale SS in tenuta mimetica di una divisione di cavalleria in Russia (rivista dell'epoca).

▲ Divisione di cavalleria delle SS impegnata in un rastreklamento (Bandenbekämpfung) maggio 1943.

▼ Timballiere (Trompeterkorps) della 8ª SS-Kavallerie-Division "Florian Geyer".

GERARCHIA E COMANDANTI DELLE DIVISIONI DI CAVALLERIA DELLE SS

DIVISIONE FLORIAN GEYER

SS-Brigadeführer Gustav Lombard (marzo - aprile 1942)

SS-Gruppenführer Hermann Fegelein (aprile - agosto 1942)

SS-Obergruppenführer Wilhelm Bittrich (agosto 1942 - 15 febbraio 1943)

SS-Brigadeführer Fritz Freitag (15 febbraio 1943 - 20 aprile 1943)

SS-Brigadeführer Gustav Lombard (20 aprile 1943 - 14 maggio 1943)

SS-Gruppenführer Hermann Fegelein (14 maggio 1943- 13 settembre 1943)

SS-Gruppenführer Bruno Streckenbach (13 settembre 1943 - 22 ottobre 1943)

SS-Gruppenführer Hermann Fegelein (22 ottobre 1943 - 1° gennaio 1944)

SS-Gruppenführer Bruno Streckenbach (1 gennaio 1944 - 14 aprile 1944)

SS-Brigadeführer Gustav Lombard (14 aprile 1944 - 1° luglio 1944)

SS-Brigadeführer Joachim Rumohr (dal primo luglio 1944)

DIVISIONE MARIA THERESIA

SS-Brigadeführer August Zehender (21 aprile 1944 - 11 febbraio 1945)

DIVISIONE LÜTZOW

SS-Standartenführer Waldemar Fegelein (Febbraio 1945 - Marzo 1945)
SS-Standartenführer Karl Gesele (Marzo 1945 - Maggio 1945)

Gerarchia

Mannschaften   truppa e graduati

        SS-Bewerber   allievo militare
        SS-Anwärter   allievo ufficiale
        SS-Mann   soldato semplice
        SS-Grenadierschüze   soldato semplice 2°classe
        SS-Oberschüze   soldato semplice 1° classe
        SS-Sturmann   caporale
        SS-Rottenführer caporalmaggiore

Unterführer   sottufficiali

        SS-Unterscharführer   sergente
        SS-Scharführer sergente maggiore

SS-Oberscharführer   maresciallo
SS-Hauptscharführer   maresciallo maggiore 2° classe
SS-Sturmscharführer   maresciallo maggiore 1° classe
Untere Führer   ufficiali inferiori

SS-Untersturmführer   sottotenente
SS-Obersturmführer   tenente
SS-Hauptsturmführer   capitano

Mittlere Führer ufficiali superiori

SS-Sturmbannführer   maggiore
SS-Obersturmbannführer   tenente colonnello

Höhere Führer   ufficiali generali

SS-Standartenführer   colonnello
SS-Oberführer   colonnello brigadiere
SS-Brigadeführer   generale di brigata
SS-Gruppenführer   generale di divisione
SS-Obergruppenführer generale di corpo d'armata
SS-Oberst-Gruppenführer   generale d'armata
Reichführer-SS comandante in capo

▲ Cavaliere SS tiene le briglia di due stupendi esemplari equini. Ferdinand Frick (NARA US Gov.).

▲ Hans Georg Otto Hermann Fegelein, uno dei personaggi più importanti del terzo Reich. Delfino di Himmler, sposò la sorella di Eva Braun, quindi divenne per poche ore cognato di Hitler. Fu fucilato nel bunker della Cancelleria.

▲ Gustav Lombard, più volte comandante della Florian Geyer.

▲ Karl Gesele con Hermann Fegelein. Gesele fu l'ultimo comandante della divisione Lützow.

▲ Joachim Rumohr, altro comandante della Florian Geyer.

▲ Waldemar Fegelein, fratello di Hermann. Comandava il 2° reggimeto di cavalleria della Florian Geyer.

▲ SS-Brigadeführer August Zehender, già comandante della divisione Maria Theresia.

▲ Wilhelm Bittrich, pure lui comandò la Florian Geyer. A sinistra Hermann Fegelein.

▲ Al centro della foto, accanto a Himmler, Bruno Streckenbach, due volte comandante della Florian Geyer. Fu anche uno dei massimi criminali nazisti in qualita di organizzatore dei famigerati Einsatzgruppen.

BIBLIOGRAFIA

- Charles Trang, *La Division Floian Geyer*, HEIMDAL, 2000.

- Paul J. Wilson, *Himmler's Calvary: The Equestrain SS 1930-45*, Schiffler Military History, 2000.

- Jeffrey T.Fowler, *Axis Cavalry in world war II*, OSPREY.

- Ian Baxter, *8th SS Cavalry Division Florian Geyer: Rare Photographs from Wartime Archives (Images of War)* 2023

- Herman Fegelein, *SS-Kavallerie im Osten: Vom 1. SS-Totenkopf-Reiterregiment zur SS-Reiter-Brigade Fegelein*

- Matteo Simonetti, *Hitler e Fichte - Capire il Nazionalsocialismo*, Nexus Edizioni, Battaglia terme, 2022.

- M.Afiero *The 8th Waffen-SS Cavalry Division "Florian Geyer": An Illustrated History (Divisions of the Waffen-SS, 4)*

- Robin Lumsden, *La vera storia delle SS*, Newton e Compton editori, Roma, 1999.

- G. Williamson, *Storia illustrata delle SS*, Newton e Compton editori, Roma, 2001.

- G. Gigli, *La seconda guerra mondiale*, Lucio Pugliese editore, 1986.

- F. Duprat, *Le campagne militari delle Waffen SS*, Ritter editore, 2010.

- *SS-Standartenführer Waldemar Fegelein* di Sergio Volpe, rivista Fronti di Guerra n° 85.

- R.Landwher, *Steadfast Hussars The Last Cavalry Div*

- *SS volunteers on the Eastern Front original SS book of the Waffen-SS. 1943.*

- Pieper, Henning *(2015). Fegelein's Horsemen and Genocidal Warfare: The SS Cavalry Brigade in the Soviet Union.* Houndmills, UK: Palgrave Macmillan.

- Rolf Michaelis *Cavalry Divisions of the Waffen-SS. 2010.*

- Rolf Michaelis *Albert Schwenn's Memories of the Waffen-SS: An SS Cavalry Division Veteran Remembers (Memories of the Waffen-SS, 2).*

- Helmut Grund, *The Nazi Murder Squad: The Confession of Helmut Grund, Waffen-SS Cavalry.*

- Mark C. Yerger, *Riding East: The SS Cavalry Brigade in Poland and Russia 1939-1942 (Schiffer Military History)* 1997.

Siti visitati:

- SS-Kriegsberichter Archive (kriegsberichter-archive.com)

SOLDIERSHOP
PUBLISHING
ILLUSTRATED HISTORY